中国领导力
提升系列

主编 胡月星

领导道德

鄯爱红◎著

中国出版集团 研究出版社

图书在版编目（CIP）数据

领导道德 / 鄯爱红著 .— 北京 : 研究出版社 ,
2017.5

ISBN 978-7-5199-0022-9

Ⅰ. ①领… Ⅱ. ①鄯… Ⅲ. ①领导人员—道德修养—研究—中国
Ⅳ. ① D630.3

中国版本图书馆 CIP 数据核字（2017）第 031677 号

领导道德

作　　者 鄯爱红　著
责任编辑 寇颖丹
出版发行 研究出版社
地　　址 北京市东城区沙滩北街 2 号中研楼
邮政编码 100009
电　　话 010-63292534　63057714（发行中心）
63055259（总编室）
传　　真 010-63292534
网　　址 www.yanjiuchubanshe.com
电子信箱 yjcbsfxb@126.com
印　　刷 三河市金泰源印务有限公司
开　　本 710 毫米 ×1000 毫米　1/16
印　　张 15.5
版　　次 2017 年 5 月第 1 版　2017 年 5 月第 1 次印刷
书　　号 ISBN 978-7-5199-0022-9
定　　价 39.80 元

《中国领导力提升系列丛书》编委会

参与研究单位

国家行政学院

中国浦东干部学院

中国人事科学研究院

国家税务总局党校

北京行政学院

上海行政学院

黑龙江省行政学院

吉林省行政学院

广西行政学院

辽宁师范大学

宁夏行政学院

协助支持单位

国家行政学院中国领导科学研究中心

国家行政学院公务员培训研究中心

中国人才研究会领导人才专业委员会

西安思源学院新发展理念与领导力研究中心

提升领导力是聚焦点（代总序）

胡月星

领导科学研究告诉我们，组织发展与领导力提升并不是同步的。组织规模增大，并不意味着领导力随之提升。组织规模小，并不代表没有强大领导力。有的组织诞生时规模很小，但能够逐渐壮大，关键就在于其具有强大领导力。中国共产党诞生之初人数寥寥，但犹如喷薄而出的朝阳，光照四方。成功的秘诀在哪里？就在于党拥有强大的领导力，正是这一核心力量使党焕发出旺盛的生命力。今天，中国共产党是拥有436万多个基层党组织、8779万多名党员的大党，但规模越大并不意味着领导力就越强。加强和改善党的领导，必须把提升领导力作为聚焦点。

那么，领导力究竟是什么？以往人们通常把领导力等同于权力，认为有权力就有领导力。这种观点至今还停留在一些人的头脑中，限制了人们探索提升领导力的视野。领导力与权力确实有密切关系，但绝不是对等关系，有权力未必就有领导力，否则就难以解释个别领导“有权无威”甚至“众叛亲离”的现象。权力仅仅是领导力的一种重要资源，而不是领导力的全部。在领导科学研究中，领导力存在于精神信仰、思想观念、规章制度等方方面面，既包括组织领导力，也包括个体领导力。组织领导力是由个体领导力积极作用而成的合力，这就像百川终归大海一样。组织领导力与个体领导力相辅相成、高度融合，共同提升政党的领导力。我们讨论加强和改善党的领导，当然需要从组织领导力角度去分析，但领导科学研究表明，重视个体领导力对于加强和改善党的领导同样至关重要。因为组织领导力最终要具体落实到领导干部行为中，如果各级领导干部缺乏领导力所必需的知识、能力、品质以及积极行为表现等，组织领导力就会失去来源，组织就会变得软弱无力。可以说，领导干部的领导力直接决定着党的领导力。一个政党领导力的缺失，很大程度上是因为领导干部领导力的缺失。当前，从提升领导力入手加强和改善党的领导，需要把组织领导力与个体领导力紧密结合起来，从“领”入手，由“导”贯通，实现“心”与“力”的积极融合。

用信仰目标实现“领”。信仰就是希望，目标就是方向。没有信仰目标的政党是没有希望的，没有信仰目标的领导干部是难堪大任的。成立90多年来，我们党的领导之所以坚强有力，就是因为我们党有信仰、有目标，让广大党员有使命感，让人民群众有方向感。一个政党如果不能让自己的党员有使命感就无异于乌合之众，如果无法让群众有方向感就会失去号召力和凝聚力。新形势下，加强和改善党的领导，尤其需要把党的领导与党所坚守的崇高信仰、党所追求的远大目标紧密结合起来。要让广大党员和人民群众明白我们党究竟从哪里来、往哪里去，信仰什么、追求什么，党对人民群众来说有着什么样的功能和价值。把这些问题讲清楚，人民群众就会拥护党、追随党。

用科学理念实现“导”。信仰的追求、目标的实现都要有科学的理念。一个政党所坚持的科学理念凝聚着政党的智慧，能够引领人民群众的行动。从这个意义上说，理念科学，领导力就强。我们党一直强调用科学理念实现党的领导。习近平总书记在党的十八届五中全会上提出的创新、协调、绿色、开放、共享新发展理念，凝聚着全党的智慧，是统一全党思想和行动的指挥棒。领导干部能不能深入贯彻新发展理念，坚决纠正那些与新发展理念不相适应甚至背道而驰的错误观念与行为，直接关系我们党的领导力。领导干部要把学习贯彻新发展理念与提升领导力、加强和改善党的领导紧密结合起来。

用“心”与“力”的融合提升领导力。心为万力之本。提升领导力，从领导干部个体角度而言尤其要注重“心”与“力”的融合，具体而言主要包括以下几个方面：一是强调忠诚。忠诚是对“心”最重要的要求，是“力”的源泉。领导干部要对党忠诚，不论身在何方，不论处于何种境地，都要把对党忠诚作为自己的道德操守和行为准则，这样才能担负起组织重托。二是强调提升能力。有“心”无“力”，最终只能流于平庸。提升领导力，既要有“心”，也要有“力”。这就要求领导干部必须高度重视提升自己的能力。三是强调责任担当。责任是“心”，担当是“力”。当前，加强和改善党的领导特别需要领导干部有责任担当。有了责任担当，就能把“心”与“力”融合后的力量充分发挥出来，不断提升我们党的领导力。

原载《人民日报》（2016 年 04 月 15 日 07 版）

导 论

领导者应当是有原则的，有原则的领导者不容易被诱骗，也不容易改变自己的决定。这原则源于哪里？源于一个人的信仰、价值观和稳定的道德原则。道德对于人们的选择具有重要的价值，它为人们的行为提供了一套规则系统，可以让人们在面临是与非、善与恶的选择时做出判断，选择与自己的价值观与信仰相符合的行为。无论领导者的素质包括多少要素，都不可能不包括道德素质；无论领导的决策与行为受多少要素制约，都不可能不受道德价值的影响。领导者的道德素质对于领导活动起着重要的作用，直接为领导活动提供价值引导、行为规范和人格影响，对领导力的提升至关重要。本书从领导道德的概念及价值入手，对中国传统的领导道德思想进行了概述，讨论了领导道德信念、道德规范、道德选择、道德人格、道德修养等问题。

一、领导道德的概念

人们通常认为，道德带有很大的主观性，是个人的事。特别是在多元价值观并存的现代社会，谈论道德时难免会遭遇“道德灌输”的风险。面对形式色色的社会问题，人们寻求技术的路径、制度的路径、法律的路径去解决问题无可厚非，但是一谈到道德路径时，就会受到不屑。然而大到一个国家，小到一个组织、一个个体，都必然会受到道德的影响。道德现象是一种客观的存在。领导道德，是指规范领导者行为的道德规范和准则，也指领导者依据一定的道德行为准则行动时所再现出来的某些稳固的心理特征，包括道德观念、道德情感和道德行为等。领导道德或者说“道德领导”（ethical leadership），严格意义上并不是个人的，而是共有的。领导者并不是只要独善其身、自己做人做事符合道德标准，便能成为道德领导。领导者需要坚守自身的道德信仰，在不同的情境中根据现实的变化着的环境灵活运用道德规则和准则，并且能够发挥自身的影响力，以自己的榜样影响组织中的人们，进而影响整个社会、国家和世界。领导者既是群体、组织活动的指挥者，同时也在接受下属的道德审视和心理评判，是下属观念和行为的引导者、示范者。领导者能够领导其他人践行道德，可以塑造文化和体制，从而鼓励符合道德的行为。领导道德主要包含三方面的内容：第一，领导者必须首先是一个有道德的人，能够按照社会道德规范行事，具有判断是非、善恶、美丑的能力；第二，领导者应当有明确的道德见解，进而能够制定善的制度和规则，并愿意对他们领导的文化和体系的道德进行反思和改革。第三，领导者应当有能力推动善的制度的实施和善的文化的形成。领导者需要借助制度与机制等管理方法，制定组织的道德标准与规范，以此规范下属的行为，如采取奖惩措施使组织的道德标准和规范得以贯彻。在一定的意义上，领导道德，或者说道德领导还是一个动词，强调的是一个动态的管理过程，在这个过程中，不只关注领导者个人，也不只关注领导者个体的道德，而是需要以道德的方式与方法促进道德制度与文化的形成，它关注领导者与被领导者之间的沟通与互动的过程。

二、领导道德的价值

领导者在组织中处于核心地位。领导者的道德观念和道德行为对于组织成员的道德观念和道德行为起着非常重要的导向作用。由于领导者道德素质对组织文化以及组织成员的道德具有重要作用，古今中外的领导理论都特别重视领导者的道德问题。中国传统社会强调德治，特别重视领导者德与位的相配。夏朝时候，《尚书·尧典》中就有："夙夜惟寅，直哉惟清"的廉政思想，认为为政者要时时刻刻警惕敬畏，才能做到清廉公正。周公力主"修德配命""以德配天"。西周时，把"六德"（知、仁、圣、义、中、和）的"六行"（孝、友、睦、姻、任、恤）作为官吏的德行标准。管仲在《立政》篇中说："君子所审者三：一曰德不当其位，二曰功不当其禄，三曰能不当其官。"认为领导者只有修养自己的德行才能配享上天赋予的权力，才能发挥法定权力的影响力。孔子继承了周公的德治思想，认为领导者只有加强道德修养，培养自身的高尚品德，命令才会得到实施。孔子说："政者，正也。子帅以正，孰敢不正？"在他看来，"政"就是"正"，所谓政治，就是领导社会走上正确的道路。政治的原则，就是通过"正己"而"正人"，己不正，何以正人？只有自己行得正，才能号令天下，要求人们按照自己的要求去做。《论语》记载，季康子向孔子问政，孔子对他说："子帅以正，孰敢不正？"季康子又问："如杀无道以就有道，何如？"孔子回答说："子为政，焉用杀？子欲善而民善矣。君子之德风，小人之德草。草上之风，必偃。"（《论语·颜渊》）季康子又问孔子说，如果杀掉无道的人来成全有道的人，怎么样？孔子说：治理政事，哪里用得着杀戮的手段呢？您只要想行善，老百姓就会跟着行善。在位者的品德好比风，在下的人的品德好比草，风往哪边吹，草就必定往哪边倒。孔子还指出："其身正，不令而行；其身不正，虽令不从。"（《论语·子路》）基于这样的德政思想，中国历朝历代都非常重视官员的道德修养和管理，形成了一套系统的管理制度[①]。以后历朝历代都形成了与时代特点相结合的对官员道德的考核内容与方式，这种制度一直延续到今天。

在西方国家，官吏道德也是伴随着国家机构、政府组织和行政职业的产生而产生的。在西方文明中，柏拉图是探讨领导理论的先驱，在他的著作中就已经开始关注领导道德问题，他认为领导道德对于领导活动和整个社会生活具有一定的影响和价值。在柏拉图政治思想中，一个最重要问题就是国家是由什么样的人担当统治者来最终实现国家的正义这个善的理念。在柏拉图看来，《理想国》是以正义观与人治观为理论基础的哲学王统治的最佳理想模式。他的领导思想就是将政治生活与个人价值的实现完整结合，最终体现善的政治。亚里士多德在《政治学》中提出："凡是想担任一邦中最高职务、执掌最高权力的人们必须具备三个条件：第一是效忠于现行政体；第二是足以胜任他所司职责的高度才能；第三是适合于该政体的善良和正义。"意大利文艺复兴时期的思想家马基雅弗利在《君主论》中写道：君主"必须是能识别陷阱的狐狸，又是能威慑豺狼的狮子"[②]。"君王为人所鄙，乃由于他在人家的心目中，觉得是喜怒无常、轻薄的、女性化的、懦怯的、不坚决的；所有这些，君王都应该规避，有似避开礁石的危险一样。他必须在他的行为中显示出伟大、勇敢、庄重与坚强……"[③]近代法国思想家孟德斯鸠认为作为公共官吏的领导者应该具备法治精神、平等精神、廉洁精神、节俭精神、勤劳精神和品德等。19世纪，

---

① 秦朝官吏的管理制度中就规定以"五善"与"五失"为原则进行官员的考核。"五善"："一曰忠信敬上，二曰清廉毋谤，三曰举事审当，四曰喜为善行，五曰恭敬多让"；"五失"："夸以，资以大，擅制割，犯上弗知害，贱士而贵贝货"（不务实、自我吹嘘、自作主张、目无王法、贪婪好利）。

② 马基雅弗利：《君主论》，海南出版社，1996年版，第105页。

③ 马基雅弗利：《君主论》，海南出版社，1996年版，第109—110页。

法国著名思想家托克维尔认为领导者必须有才能、德行、诚信和廉洁自律精神，否则就会破坏民主政治、败坏人民的政治道德，腐败和各种弊端都将因此而发生。当代发达国家也非常重视领导者的道德。美国高级公务员能力模型中要求高级公务员要具有一种能力，能使员工拥有高的职业道德水准；中国香港的公务员能力模型中明确要求公务员有良好的职业道德；联合国经济及社会理事会《人力资源开发》报告中对联合国公务员素质要求中，着重强调了公务员的行为要合乎道德准则，并且忠诚。

领导道德人格是领导活动有效性的基础，具有道德人格的人实施管理更容易被下属执行，也容易建立起公平公正的制度和促进健康的组织文化的形成。国际著名的中国文化学者成中英博士在谈到儒学与现代管理的关系时认为，“过去我们谈儒家往往从伦理的观念来谈，我认为不要把过去的东西只看成是伦理，而要看成管理”。成中英博士道出了儒家文化的精神和功用，这正是传统中国管理与西方管理的不同之处。中国传统文化关注领导者的言传身教，关注管理者自身的表率，通过自我实践而带动下属积极、自愿地去追随领导者前行，这正是领导的本质所在。

领导道德不仅是组织对领导者的要求，也是领导者自身成长和发展的必要条件。领导道德蕴藏着巨大的能量。品德高尚的领导能够赢得人们的信任，因而会拥有更多的追随者。领导道德素质影响和制约其他素质，决定其他素质释放能量的强弱与方向，决定着领导整体素质的品位和价值。美国普林斯顿大学包莫尔（W. J. Baumol）提出了优秀领导者应具备10个素质，这些素质包括：1）合作精神：愿意与他人一起工作，能赢得人们的合作，对人不是压制，而是感动和说服。2）决策能力：根据事实而非想象进行决策，具有高瞻远瞩的能力。3）组织能力：能发掘部属的才能，善于组织人力、物力和财力。4）精于授权：能大权独揽，小权分散。5）善于应变：机动灵活，善于进取，而不抱残守缺，墨守成规。6）敢于求新：对新事物、新环境和新观念有敏锐的感受能力。7）敢于负责：对上级、下级和产品用户及整个社会抱有高度的责任心。8）敢担风险：敢于承担企业发展不景气的风险，有创造新局面的雄心和信心。9）尊重他人：重视和采纳他人意见，不盛气凌人。10）品德高尚：品德上为社会人士和企业员工所敬仰。在10个素质中，合作精神、尊重他人、品德高尚都是道德要素。学习型组织的创始人彼德·M.圣吉也说："在学习型组织中，领导者是设计师、仆人和教师。"领导者最主要的是通过自身的魅力影响他人，让被领导者心甘情愿地追随领导者朝着一个目标前进。影响力的来源主要不是职位和权力带来的，而主要来源于非权力因素，其中品德具有非常重要的作用，或者说，最不可缺少的就是品德要素。但丁说过："道德常常能够填补人们智慧的缺陷，而智慧却不能同样填补道德的缺陷。"领导者其他素质的缺陷，可以借他人之力弥补，唯有品德不能由别人来弥补。每个领导者的领导风格可以由个性决定，有不同的表现形式，但都不能违背品德这一底色和根基。在一定程度上，领导者的道德层次决定了领导者的境界，从而也决定了他能走多远。在中国传统文化中，"厚德载物"讲的就是这个道理，载物须以厚德做基础，一个人要成就多大的事业，就需要有多深厚的德行。大商人胡雪岩认为，干大事的人不能有污点，表达的也是这个深意。

2008年，我们曾对北京市200名优秀局处级一把手进行了问卷调查和访谈，在对影响他们成长的因素的分析中，对干部成长影响较大的前三项是政治信仰、个人品德和敬业精神。这三个因素都与道德相关。一个人没有好的道德人格，就很难有大的成长和发展。"天行健，君子以自强不息；地势坤，君子以厚德载物"[①]"小胜靠智，大胜靠德"，[②]这些格言都说明

---

① 《周易》。
② 《世说新语·笺疏》。

道德对于人的成长，特别是领导干部的成长具有重要的价值。道德人格与领导者成长的关系体现在：首先，有德者有志，有志者有度。有道德的人往往志向高远，能够把个人的发展融入社会发展与组织发展中，而不是沉湎于自我设计、自我奋斗中，打自己的小算盘，斤斤计较个人的得失。他们善于把握社会发展带来的机遇。高尚的道德情操必然是同社会理想联系在一起的。没有理想便没有道德人格。马克思在中学时期就确立了造福人类的伟大理想。他在中学毕业时所写的《青年在选择职业时的考虑》中指出"在选择职业时，我们应该遵循的主要指针是人类的幸福和我们自身的完美"。其次，有德者有责，有责者善学。道德人格高尚的人大多有强烈的责任感。他们以做好事、做成事为目标，而不是为了追求自己得到什么好处。为了做好事，就需要不断学习，不断充实自己，而有智少德之人常常想走捷径，钻空子，常常追名逐利，将才华用偏用歪。再次，有德者多助，多助者多机。有德之人待人诚恳、善于包容，拥有更多的朋友，从而也就拥有更多的机会。而聪明的缺德者常以为自己比别人聪明，不尊重别人，因而也得不到别人的尊重、支持和配合。最后，有德者谨慎，谨慎者持久。无论是东方还是西方，谨慎都被看作一种不可多得的美德。古希腊哲学家赫拉克利特说："给人幸福的不是身体上的好处，也不是财富，而是正直和谨慎。"[①] 有德之人在顺境中居安思危、戒骄戒躁。有智少德之人则常由于品质上的缺陷误入歧途。各种危险的渎职行为都由细小的不符合道德准则的行为发展所致。

此外，领导道德也是领导者实现领导活动有效应的保障。什么是政治，孔子用一个"正"字便概括了。"政者，正也。子帅以正，孰敢不正？"[②]"政"字的意思就是端正。你自己带头端正，谁敢不端正呢？"政"从"正"出，

---

① 周辅成：《西方伦理学名著选辑》（上卷），商务印书馆，1964年版，第74页。

② 《论语·颜渊》。

由于领导者所处位置不同，具有一定的权力，能影响他人的行为，因而在一个群体中的作用不同，其言行十分重要。上行下效，上梁不正下梁歪，就是这个道理。调查结果显示，98% 的公务员认为领导的作风和思想品质对下属有重要的示范和影响作用。道德建设中，上级的榜样最为重要。领导干部的人格魅力，必然对干部和群众形成一种吸引力和感召力，正所谓“其身正，不令而从；其身不正，虽令不从”。关于这方面，孔子还有其他一些精辟论述。“为政以德，譬如北辰，居其所而众星拱之。”[①]“上好礼，则民易使也。”[②]领导者只有自己说到做到了，做正了，那么他的命令才能得到好的执行和落实，相反，“不能正其身，如正人何？”[③]领导者本身行为正当，不发命令，事情也行得通。他本身行为不正当，纵三令五申，下属也不会信从。领导者连自身都不能端正，还有什么资格要求别人呢？领导者以身作则、品行端正会给下属树立良好的榜样，也有助于其政令的实施。因此，领导者应言其所应言，行其所当行，以自身的表率作用影响下属，“修己以安人”“修己以安百姓”[④]，使其产生“见贤思齐”[⑤]的榜样效果。管理说到底是管理人的艺术，下属素质的提升和优秀行政文化的塑造，关键在于领导者自身的素质品位和思想境界。

三、领导道德的实质

领导道德对组织管理和对自身的成长的重要性不言而喻。领导道德的实质就在于平衡道德与利益的关系。在企业中，领导人带领组织成员谋求

① 《论语·为政》。

② 《论语·宪问》。

③ 《论语·子路》。

④ 《论语·宪问》。

⑤ 《论语·里仁》。

最大利益，取得经济利润。在政治活动中，领导带领组织成员谋求共同利益，获得政治权力。在实施领导的过程中，领导者常会面对牺牲一些道德准则来获得利益的诱惑。道德与利益就像一个天平，此消彼长，此起彼落。一些企业家为了谋求利益，违反道德规范，采用不当的商业对策、不当竞争，获得不义之财；一些政治家为了谋求利益，违反道德规范，采用不道德的手段，欺骗公众，获取公众的信任。现实中的确存在这样的悖论：一些企业家靠不道德的手段致富，获取了高额利润，一些政治家采用不当的手段实现了自己的愿望，获得了高位重权。但领导者兴衰的轨迹并不总是“德与利”的冲突。道德与利益的冲突只是领导实践的表象，从长远与全局的角度来看，平衡道德与利益的冲突正是道德领导的本质。

著名管理大师德鲁克曾经说过这样一句话：“如果领导者缺乏正直的道德，那么，无论他是多么有知识、有才华、有成就，也会造成重大损失——因为他破坏了企业中最宝贵的资源——人，破坏组织的精神，破坏工作成就。”日本著名的企业家稻盛和夫说：“领导者一定要有勇气且正直。他们不应该只是每天高喊着工作伦理和公司规定，而应该成为所有员工的道德典范。”领导者应当有崇高的道德境界，在个人利益与组织利益、组织利益与国家利益、国家利益与全人类的利益之间寻找到一个平衡点。虽然任何领导都必然有自己的利益、自己所处的组织的利益，但是这些利益的获取都应当遵循一定的道德准则，而且要有一定的限度，如果违背了人类最好的持续生存与发展的原则，领导者以个人利己主义和集团利己主义损害国家和人类的利益，以利己的私欲来领导一个组织，虽然短期内可以获得利益，但总有一天会与他人、其他社会团体发生矛盾与冲突，从而使自己和自己所在的组织陷入困境之中，甚至使自己丧失领导的合法性地位。基于同情心、同理心的道德终究是领导者立于不败之地的法宝，而所谓的道德就是平衡好多方利益。

领导者必须能够并善于协调好道德与利益的关系，如果不能使利益和道德达到一个平衡，无论对组织还是对领导者个体而言，都会是一种危险。把集团的利益看得高于道德，就会损害组织的道德文化与道德价值，种下毁灭组织的祸根；如果把领导者个人的利益凌驾于组织利益之上，就会出现个人权力高于组织愿景的情况，自私的领导者，最终会被组织成员所背弃。

四、本书逻辑结构

领导道德是指领导者在领导活动中，为保持协调、和谐的人际关系以及领导活动的有效性而必须遵循的价值理念、道德准则和行为规范的总称，也指领导者由于遵循一定的道德规范行事而具有的道德品质。领导道德既包括领导者应当遵循什么原则行事，涉及领导者应当做什么样的人，坚持什么样的价值观的问题，也包括塑造什么样的道德形象，具备什么样的品德以及如何修养道德品德的问题。本书围绕领导道德问题分9章展开。第一章，从总体上对领导道德的概念、特征和作用进行了论述；第二章对中国传统领导道德的内容进行了总结和借鉴；第三章和第四章对领导信仰和领导责任进行了论述，这是对领导内在的根本价值和角色的认知；第五章、第六章和第七章主要论述领导道德规范和道德形象，这是对领导者应当遵循的约束和定位。（基于领导者的职业特点，第六章对领导道德规范进行总的论述后，对廉洁从政规范做了专门论述）；第八章、第九章分别对领导道德品德的结构与修养做了论述。本书遵循由宏观到微观，由内在的价值到外在的约束再到品德修养的逻辑，对领导道德做了全面的论述，集理论、知识和修养为一体，对于领导者了解道德理论，加强道德修养具有参考价值。

C H A P T E R 0 1

第一章

政者正也：领导道德概说

道德领导是以道德权威为基础的领导，领导者甄别并确定组织的核心价值观，建构组织的共同愿景与理念，组织成员基于责任和义务对共享的价值观、理念和愿景做出回应，在团队精神下相互协作，进而发挥领导的效能。为此，古今中外大到一个国家，小到一个部门，只要有领导的地方，在规范领导行为方面，不仅重视制度建设，也非常重视领导者的道德建设。中国素有礼仪之邦之称，对于领导而言，做官先做人，正人先正己，是领导者成为领导和发挥领导作用的前提。

一、领导道德的概念

在中国传统文化中，最初“道”与“德”是两个具有各自内涵的独立的概念。《老子》第五十一章中说：“道生之，德畜之……道之尊，德之贵，夫莫之命而常自然。”认为“道”和“德”虽尊贵，却不是什么主宰，而是一切任其自然的。“道”的原初意义是“道路”，引申为“原则”“规范”的意思。“德”与“得”是通假字，表示遵守“原则”“规范”行事而有所得，《说文》释“德”：“德者，得也。内得于己，外得于人。”一个人循“道”而行，把“道”的精神融入个体的行为和心性中，就称为“德”。在这一意义上，“德”指人的德行、品行。“道”与“德”二字连用而成一个概念，最早始于春秋战国时期《管子》。《管子》曰：“君之在国都也，若心之在身体也，道德定于上，则百姓化于下矣，戒心形于内，则容貌动于外矣，正也者，所以明其德。”君主在国都，如同心在身体一样；道德规范树立在上面，百姓就在下面受到教化。戒慎之心形成在里面，容貌就在外面表现出来。荀子《劝学》篇：“故学至乎礼而止矣，夫是之谓道德之极。”一个人的行为举止时时刻刻都符合礼的要求，就达到了道德境界。

在西方古代文化中，“道德”（Morality）一词起源于拉丁语的“Mores”，意为风俗和习惯。后来古罗马思想家西赛罗根据“mores”一词创造了一个形容词“moralis”，指社会的风俗和人们的道德个性。此后英文的道德“morality”一词沿袭了这样的含义。可见，不管是中国还是西方，道德这一概念都包含了社会的风俗习惯、道德原则和个人的道德品质等方面的内容。

道德在不同的文化、哲学、宗教等之中，有不同的标准，道德也不同于法律等其他社会意识形态，道德是由一定的社会经济条件所决定，以善恶评价为标准，依靠社会舆论、传统习俗和人的内心信念的力量来调整人们之间相互关系的规范、品质和行为的总和。道德通过确立一定的善恶标准和行为准则，来约束人们的相互关系和个人行为，调节社会关系，与法一起对社会生活秩序起保障作用。道德贯串于社会生活的各个方面，根据人们生活的场所，道德划分为社会公德、婚姻家庭道德、职业道德等几类。领导道德属于职业道德的一种，通常是从事领导工作的领导者的道德，应当说，只要有两个以上的人，就会有领导与被领导的问题。领导作为一种现象广泛存在于人类社会生活中。在本书中，领导特指执掌社会公共权力的人员，领导道德是指当政为官者的从政道德。因而本书中，领导道德与官员道德、干部道德等互换使用。

领导道德的内涵与“官”这一概念一样随着时代的发展变化而不断变化。在原始社会，氏族首领掌握着权力，官只不过是些保管主要档案的管理员。在商代的甲骨文中，就有了“官”字。甲骨文字形，从“宀”

（mián），以“宀”覆众，则有治众的意思。《说文解字》上解释：“官，吏事君也。从‘宀’从‘吕’，犹众也……”这个解释概括了官的性质，即位于君主之下，替君主办事的人。西周时期，已形成了“文武百官”之说。孔子在《论语·宪问》中曾说：“君薨，百官总已以听于冢宰三年。”意思是说，国君死了，继承的君王三年不问政治，各部门的官员听命于宰相。[①]这个制度的意义在于：是让新君认识到君王之位并不是治国的工具性质的东西，治国的具体工作完全可以在没有君王的情况下很好地完成。君的意义，在于能为臣纲，能德而治官，则百官必行仁，能仁而治官，则百官必行义。君不能为纲，那么它的存在也就失去了意义。

在古代社会，“官”是担任一定职务或享有一定特权的统治阶级的政治代表。对上，级别较小官员向级别较高的官员直至向全国最大的官——皇帝负责；对下，履行维护统治、管理人民的职责。1949年，中华人民共和国成立后，掌握公共权力的领导干部已经和传统意义上的“官”有了本质区别，“官”这一概念被“干部”一词取代。

“干部”一词原是法文Cadre的日文对译词。法语Cadre原意为公务人员，在我国“干部”又称“脱产干部”，与工人、农民及其他体力劳动者相区别，是指脱离体力劳动、从事公共管理及各种公共事务的人员。干部制度是一种身份制度。在计划经济条件下，社会分配制度是以对社会成员身份的划分为基础的。我国社会成员分为干部、工人、农民、军人等不同身份，不同身份的人员享受不同的福利待遇。迄今为止，列入“干部编制”的人员，不仅是行政长官，还包括共产党及民主党派、人民团体中的专职人员，国有企业、事业组织中列入“干部编制”的人员，包括学校中

① 薨：周代时诸侯死称。百官是说政府全体。冢宰：官名，相当于后世的宰相。总，全部。已：止，在此是调度的意思。全句是说，旧君去世，新君继位守丧三年，但是并不是说国家就失了政，因为其时的政府一切事务，都由宰相代为管理。

的校长和教师；“干部”一词与“群众”对应，又带有“领导人员”的意思。[①] 与干部这一概念相联系的干部制度一直延续至1993年施行公务员制度之前。

宽泛笼统的干部概念及相应的干部人事制度和管理体制是与计划经济相联系的管理制度，市场经济体制的不断发展，使原有干部制度的弊端逐渐突显：一是笼统的干部人事管理不利于人才积极性的调动与发挥。不同行业、不同种类的人才都按照党政干部的职务等级、工资等级的办法进行管理，不利于建设多元、多层次的分类管理体系，也就不能有针对性地对各类人才采取与行业、职业特点相一致的激励机制，人才管理制度的不科学势必会对社会各项事业的发展造成消极影响。二是强化了官本位体制以及与官本位体制相联系的官本位意识。众多的行业职业的工作人员，都去极力追求官职级别，压抑了各类人才沿着自己的专长发展，势必造成各类人才不适当地向行政机关过分集中，造成人才的浪费。

1992年中共中央十四届三中全会提出建立社会主义市场经济体制。与市场经济体制相适应，改变与我国宽泛的“国家干部”概念相联系的干部人事制度，建立与国际社会接轨的分类管理的公务员制度成为必然。1993年10月1日我国正式实施《国家公务员暂行条例》,2005年4月,《中华人民共和国公务员法》正式颁布，标志着我国公务员管理正式纳入法制化轨道。《中华人民共和国公务员法》将公务员定义为“依法履行公职、纳入国家行政编制、由国家财政负担工资福利的工作人员”。[②] 据此，我国公务员的范围包括：中国共产党和各民主党派机关工作人员；各级人大机关工作人员；各级国家行政机关工作人员；各级政协机关工作人员；法官、检察官等。

---

① 陈桂生:《中国干部教育（1927—1949）》一书之序，华东师范大学出版社，2007年版。

② 《中华人民共和国公务员法》，中国人事出版社，2005年版，第4页。

本书使用“领导道德”这一概念，既包含我们过去讲的“官”“领导干部”，指掌握公共权力的具有一定领导职务的公务员，但有时也在广义上涉及普通公务员。在当代领导力是一种素养，领导道德也可以看作一种能够对社会产生广泛影响力的先进的道德素养。

二、领导道德的特点

领导道德是基于领导者的地位、活动条件的特征和要求而形成的调整领导干部之间或领导者与行政机关、与国家、与社会之间关系的行为规范的总和，也是领导干部在长期的职业实践中因按照道德规范要求行事而具备的品德与人格。领导者职业具有地位突出、角色多样、对象特殊、责任重大等特点，与其他群体的道德相比较，领导道德具有以下特点。

鲜明的政治性。一般地说，政治包括两个层次：一个是统治；另一个是管理。在多数西方国家，与多党政治结构相一致，把从事社会管理工作的公务员分为政务类公务员和事务类公务员两类，政务类公务员侧重于参与统治，事务类公务员侧重于从事管理。政务类公务员随总统更替而更替，事务类公务员则不受总统更替影响。在公务员的管理中，有一条非常重要的原则，就是“政治中立”。不论政治如何变化，负责管理国家事务的公务员系统则保持相对的稳定性。我国是社会主义国家，我国的领导制度是建立在社会主义制度基础之上的，对公务员的管理不做政务类公务员和事务类公务员的划分，不实行也不可能实行西方所谓的“政治中立”原则。一切从事政府领导工作的人员必须接受中国共产党的领导。坚持党的领导是四项基本原则中最为核心的原则。对领导干部的道德要求，其宗旨就是通过制定领导道德规范，约束领导者的行为，从而保证领导干部准确无误地执行党和国家的意志，这就决定领导道德的政治性特点。对领导者的道德要求，不是简单地把事情做好，而是如何使他们在政务活动中实践一种政治道德。领导者在政务活动中，能否依据一定的道德规范去做，不仅取决于他的道德水平，而且取决于他的政治观念。领导者的职责是依法行使国家行政权力、执行国家公务，在领导道德的准则中，必须具备坚定的政治方向，要求领导干部必须讲政治、讲信仰、讲党性、讲原则、讲大局。在任何情况下，领导干部都应当以全心全意为人民服务为宗旨，自觉服从服务国家大局，忠于党、忠于人民。

高度的强制性。领导道德的本质是外在他律与内在自律的统一。就领导道德而言，强调以外在的强制性为特征的他律性更为必要。领导干部是一种特殊的社会职业，其特殊性在于，在领导干部的职业活动中被赋予了一定的公共权力，领导干部这一活动主体具有运用权力的特殊地位。然而，公共权力由于其拥有者和使用者的分离，从而具有异化的特性，即权力的运用常常会失去控制，使权力的性质发生根本性的改变，变社会公众权力为个人权力，变权力的行使者为权力的拥有者。因而，对公共权力的种种社会控制也就成为必需。领导道德的核心就是对领导权力行为的约束。就领导干部道德的内容而言，主要反映领导干部如何行使公共权力的要求，这些要求绝大多数并非是可选择的要求，而是需要强制执行的；就约束的方式而言，也不能单纯依靠习惯、舆论、信念等软约束来发挥作用，必须借助“物化的力量”即强制性力量对之进行约束，因而领导干部道德规范往往以法律、法规、政策、规章、制度的方式出现，领导道德较其他规范而言，具有很强的外在强制性。

广泛的示范性。组织的道德状况和氛围如何，在很大程度上取决于领导者是否以身作则。一个国家的道德整体状况如何，往往取决于领导干部这个群体的道德状况如何。邓小平同志曾经说过：“为了促进社会风气的进步，首先必须搞好党风，特别是要求党的各级领导同志以身作则。党是整个社会的表率，党的各级领导同志又是全党的表率。”[①]“上有所好，下必甚焉”，人们往往从领导者的言行举止中领悟组织的道德要求，甚至从领导者的言行举止中判断是非善恶，“其身正，不令而行；其身不正，虽令不从”。领导干部既是群体利益的集中代表者和维护者，又是公共意志的体现者和执行者；既是社会生活的组织者和领导者，又是公共关系的协调者和设计者。领导干部的职业特点，使领导者成为政府形象的主要象征，具有很强的示范性，往往对社会产生全局性和方向性的重要影响。榜样的力量是无穷的，威尔逊在他的《行政学研究》中说：“我们规定所有的部长都必须是真正地为人民服务的，因而对于在真正地为人民服务的部长领导下履行职责的官员们，要想指出他们无耻的独断专横的任何实例，看来是很困难的……一个具有真正大公无私精神的政治家，其领导方式可以把自负而且敷衍塞责的机关变成公正政府的具有大公无私精神的工具。”[②]

三、领导道德的作用

做官先做人，万事德为先。领导道德之所以受到广泛重视，原因在于它是干部做好各项工作的基础，也是干部作风建设的关键。本分做人，廉洁从政，是对每个领导者最基本的素质要求。领导道德在干部管理与社会道德建设上都具有非常重要的作用，因为道德不论是对领导者个体还是对领导者所处的组织，以及社会生活都会发生重要的影响。

（一）领导道德对组织的作用

第一，领导道德是“公共权力”健康运行的保障。马克思主义认为公

① 《邓小平文选》第二卷，人民出版社，第 177 页。

② ［美］威尔逊：《行政学研究》（中译文），《国外政治学》，1988 年第 1 期，第 47 页。

共权力自身存在异化倾向，客观上要求对公务员公共权力的行使进行道德约束。理论上说，领导者的权力来源于人民，领导者代表人民行使公共权力，但是在现实中，由于权力本身具有自我扩张性和可交换性，在缺少有效监督的情况下，权力的人民性、公共性和正义性很容易变异为个人性、私利性和非正义性。“国家是以一种与全体固定成员相脱离的特殊的公共权力为前提的”[①]，为保障“公共权力”的正当行使和不被异化，就需要对公共权力进行监督与约束，其中领导道德就是一种重要的约束和调控机制。公共权力与道德作用目的、作用方向的一致性决定了道德约束权力的可能性，二者在功能作用上的互补性决定了道德约束权力的必要性。道德一方面从他律的角度规定了领导者行使和运用“权力”的方向和范围，并借助社会舆论和公众监督等力量对领导者行使和运用权力的行为构成外在约束；另一方面又从自律的角度强化领导者行使权力的责任意识和正义观念，以及为人民掌握和运用权力的道德信念，从而对领导者行使权力的行为构成一种内在的自我约束。这两种约束，便构成一种内外合一的调控机制。对于保障公共权力的正当行使，道德具有其他调控机制不可替代的作用。

第二，领导道德是提高领导效率的内在条件。孔子说：“其身正，不令而行；其身不正，虽令不从。”[②]这里所说的“身正”，也就是为人正直，以身作则；这里说的“令”，可以理解为国家的政令、方针和政策。领导者的道德素质包括对所从事的事业的高度的道德责任感和廉洁奉公的道德操守。领导者的工作责任感、工作态度和激情以及清正廉洁状况都对领导效率产生影响。因为如果领导者没有对于工作的责任感，不能廉洁奉公，严格要求自己，那么，公共权力就会蜕变为牟取私利的工具。日本著名学

① 《马克思恩格斯选集》第3卷，人民出版社，1995年版，第435页。

② 《论语·子路》。

者池田大作在与英国历史学家汤因比的一次对话中曾说道："权力弊病的根源，它的实质存在于人的生命中的恶性。解决这一问题的方法，从根本上说，只有靠个人的觉悟和自我克制。但作为整个社会，也必须把基本思想引向这个方面。"[①] 加强领导者的道德建设，有利于解决干部队伍中存在的突出问题，使领导干部在新形势下牢固树立正确的权力观、地位观、利益观，切实转变工作作风，从思想上筑牢拒腐防变的堤防。

第三，领导道德是建设服务型政府的必然要求。随着我国社会主义市场经济体制框架的基本建成和对外开放的不断扩大，与世界各国的政治、经济、文化和社会交流日益密切。我们要在更深入地融入国际社会的同时保持独立性，这就要求我们的政府站在全球的高度，以全球的观念和视野审视国内外的问题，提高政府治理能力和管理服务水平。党的十六届六中全会明确指出，构建社会主义和谐社会必须"建设服务型政府，强化社会管理和公共服务职能"。

适应市场经济体制改革和建设服务型政府的要求，在职能的定位上，政府正逐渐从管理者向服务提供者的角色转变，行政审批事项的减少，工商、税务等"一站式"服务的增多，政府信息公开度的提升等都是服务型政府建设的重要举措。但建设服务型政府，提升政府的公信力和竞争力，不仅需要政府机构的调整和职能的转变，更主要的是需要公务员对自身的角色做出相应的调整，以适应政府职能转变。建设服务型政府的关键是要按照服务型政府的要求培养一支高素质的公务员队伍。高素质的领导，不仅是指他们具有较高的业务素质，更是指领导应具有较高的道德素质和强烈的服务意识。领导者能否正确行使权力，科学高效地执行公务，不仅取决于其能力大小，也取决于其道德水平的高低。领导者如果没有为公共利

---

① ［英］汤因比，［日］池田大作著，荀春生、朱继征、陈国梁译：《展望二十一世纪——汤因比与池田大作对话录》，国际文化出版社，1985 年版，第 264 页。

益服务、为人民服务的价值取向，就不可能有忠于人民的公仆意识，就可能违背公共利益的原则，把公共服务演变成为少数人服务；领导者没有忠于职守、尽职尽责的道德，就不可能以敬业精业的精神不断提升自己的公共服务水平。

第四，领导道德建设是建设责任政府的必然要求。目前，世界范围内的各个国家政府都在倡导服务以及责任行政的政府行政理念，在我国，构建责任政府也成了我国政治文明建设与行政管理体制改革的一项主要内容。构建责任政府，关键是要有一支负责的领导干部队伍。领导干部要使自己的行为合乎责任，必须具有较高的道德选择水平和能力。现代社会，领导扮演着多重角色，承担着多种义务，各种角色和义务会发生冲突。提升领导者的道德水平，有利于促进领导者面临道德冲突时的道德选择。领导者能够把道德规范内化于心，形成相应的道德思维，在遇到道德冲突时，就可以按照道德的要求，设想出各种可供选择的决策方案，最终找到最合适的道德的负责任的方法。

领导干部的这种道德困境和两难，在我国现阶段表现为领导者的责任和义务与个人利益最大化诉求之间的矛盾。我国目前处于改革的关键时期，各种利益和矛盾比较突出，如何公平合理地利用公共权力平衡利益和解决矛盾，就是对领导干部道德水平的考验。越是级别高的领导者，在行使公共权力时有着越多的自由裁量权。要保证其自由量裁权不被滥用，除了依靠法律、制度的硬性约束之外，还有赖于领导者的职业良知、信仰等软性约束。在这一意义上，必须培养领导者基于道德良知和坚定信仰的道德人格，增强领导者的自律意识，才能有效地抵制各种诱惑，防止领导者“腐化堕落”，防止公共权力被滥用。

第五，加强领导道德建设是优化社会环境的重要途径。作为社会分工的产物，领导者具有地位突出、责任重大的特点。领导道德水平如何，对于社会道德环境有着重要辐射与引领作用。我国传统官员道德强调正人先正己，要求官员以身作则、修己安人。优良道德风气的形成，人人有责，但处于社会管理阶层的领导者的表率作用非常重要。《论语》中多次提到过要加强“在上者”的修养，“不能正身者，其正人何？”《礼记·中庸》中说：“小德川流，大德教化，此天地所以为大也。”就是说，大德和小德的影响不一样，小德只在小范围内流行，大德则可以广泛流行，起到感化民风的作用。孔子也说：“君子之德风，小人之德草，草上之风，必偃。”[①]从一个侧面说明：官德和官风对于社会风气和民风具有导向的作用。三寸金莲本是南唐皇帝李煜的一大畸形爱好，后来流入民间，相沿成习，成为摧残中国妇女上千年的一种野蛮习俗。“楚王好细腰，宫中多饿死。”“上有好者，下必甚焉。”隋炀帝去甘泉宫避暑，嫌里面没有萤火虫，第二天便有人拉来五车萤火虫，照得甘泉宫如同白昼。官德败坏，就会导致民德滑坡，民风败落。

毛泽东在谈到党风问题时说：“只要我们党的作风完全正派了，全国人民就会跟我们学。党外有这种不良风气的人，只要他们是善良的，就会跟我们学，改正他们的错误，这样就会影响全民族。只要我们共产党的队伍是整齐的，步调是一致的，兵是精兵，武器是好武器，那么，任何强大的敌人都是能被我们打倒的。”[②]实践也证明，社会的腐败和堕落往往是从国家官员的腐败和堕落开始的。2016 年 5 月，“人民网”曾做了一个调研，结果认为，政府公信力的下降与官德的败坏有着密切关系，公信力的下降是导致社会习惯性怀疑的根源所在。

---

① 《论语·颜渊》。

② 《毛泽东选集》第三卷，人民出版社，1991 年版，第 812 页。

（二）领导道德与领导者的成长

领导者除了要具备管理公共事务所必需的专业知识和能力外，还需要培养和提高自己的道德素质。领导学和领导人才学研究表明，优秀管理者的成长是由各种内外因素综合作用的结果。就领导者来说，领导素质模型是一个涉及动机、价值、能力等多种因素的立体模型。从普通公务员成长为领导干部是个体主观努力、组织培养和社会环境等内外部条件综合塑造的结果。领导者成长的过程，也是个人素质不断提高的过程。道德对领导干部的成长具有非常重要的作用。

1. 领导道德是领导者事业成功的保障

道德不仅有利于政府管理，而且是领导者个人事业成功的前提和保障。在我国古代不同的历史阶段，虽然政治录用的具体内容有所变化，但录用标准在形式上都分为政治标准与业务标准两个基本类型，就是“德”和“才”两个标准。《礼记·中庸》中就对官吏的德和位之间的关系做了辩证的说明：“大德必得其位，必得其禄，必得其名，必得其寿。”相反，无德就会失其位，如果贪污腐败、以权谋私，则有可能得其刑，甚至落个斩首示众失其寿的结果。培根说过，一个人事业的成败与他的道德情操有密切的关系，即使有时因幸运而获得成功，“但这种幸运成功的果实，最终也还要到他们的德行中去找原因”。[①] 英国近代功利主义思想家葛德文说：“道德是在社会上走向顺境和成就的最可靠的道路。”[②] 一个人要在社会上生存和发展，必然会和他人发生各种各样的关系。具有良好道德的人能够更好地认识社会现实，处理人我关系、群己关系；良好的品德能够丰富、充实人的内心世界，使人变得更

---

① ［英］培根著，张毅译：《培根论人生》，上海人民出版社，1983 年版，第 28 页。

② 葛德文：《政治正义论》第 3 卷，商务印书馆，1980 年版，第 775 页。

美好，生活得更幸福。

道德是个体实现自我、获得社会认同的重要途径。《周易》中说："君子以厚德载物。"表面上是说君子的德行，实质内含着"载物"须以"厚德"为前提的意思。周敦颐说："圣人之道，入乎耳，存乎心；蕴之为德行，成之为事业。"[①] 个体总是作为一定社会、阶级或群体的成员而存在的，他有着在社会上生存和发展的需要，他只有参与社会生活，获得相应的社会认同，才能在充满矛盾、纷争又和谐统一的社会中生存和发展。对个体而言，他要在社会中立身处世，获得他人的认同、尊重，就必须遵循社会共同的道德准则。

个人按照一定的道德规范塑造自己的过程也就是个体品德形成的过程。一个人具备了领导者应当具有的道德品质，才能为他所属的群众成员所认同，从而使他产生一种归属感、安全感乃至荣誉感，感受到做人的价值和尊严。反之，当个体的德行与社会道德要求相悖时，他就不能从社会生活中感受到其生存的价值，不能获得他人的认同和认可，由此他便产生一种被忽视甚至被遗弃的失落感和孤立感。这种感受会使人感到做人的价值和尊严的丧失，从而迫使他改变自己的言行，形成领导者应当具备的道德。这前后正反两个方面的心理效应和现实感受，都会使个体逐渐意识到和认清自己对社会的依赖性，认识到他的个人利益同行业共同利益的一致性，从而自觉地选择、践行社会道德要求，并将之转化为自身的行为准则和价值观念，形成相应的领导品德。

2. 领导道德是领导者自我发展的核心内容

现代社会，几乎每个人都担当一定的职业角色。职业劳动对人的生存和发展意义重大。它既是人谋生的手段，同时也是个体得到社会认同，实

---

① 《通书·陋》。

现全面发展的最重要条件。从事一定的职业是满足人们精神需要，参与社会生活、获得社会认同的重要途径，是个人自我发展和完善的起点。一个人从事某一种职业，在职业生活中得到成长与发展是自我实现的一种重要方式。领导道德是领导者职业生活的指南，从道德上塑造自己，完善自己，发展自己，明确对自己、对他人负有的道德责任，是个人发展的核心内容。具备良好的道德是个人成为道德的人的开始。正如亚里士多德所说："那些学习高尚和公正的人，也就是学习政治事物的人，最好是以自己的习性和品格的良好训练开始，才可见到成效。"①

领导干部的职业具有特殊性，既是党和国家的干部，又是社会公共管理部门的从业人员，是以公共管理为职业的人群。领导干部与其他行业相比，更多地可以在提供公共服务中获得自尊感和自豪感。领导干部如果能够确立服务社会、维护社会公平正义的价值目标，并能够遵守领导道德，就获得了职业所给予他的基本的价值。职位的高低，并不是领导者职业成功的唯一标志。领导者能够明确公职人员的责任、权利和义务，使自身的行为模式符合公职人员角色定位所要求的道德规范，领导者就能有被认同的自我实现的满足感，物质报酬多少、是否获得升迁这些外在的因素就不会成为影响领导者工作积极性的主要因素。

3. 领导道德是影响领导成长的重要因素

普通公务员成长为领导干部，从个体因素来讲，内在的推动力来源于基于领导者的价值追求。如何认识领导，如何定位领导角色，如何在领导活动中表现出色，这些既是领导道德的基础，也是领导者健康成长的心理支撑。领导者核心价值观的形成、培育和发展也是领导道德的形成、培育和发展的过程。每个领导者有个体的不同风格，但作为一种角色，领导者

---

① （古希腊）亚里士多德:《尼格马可伦理学》，中国社会科学出版社，1990 年版，第 5 页。

的道德又有着共同的价值指向。如西点军校美国陆军的核心价值观由以下七方面的因素构成：①忠诚：全心全意效忠宪法、公民；②尊重：善待他人；③无私奉献；④以国家和公民的利益为己任；⑤荣誉；⑥正直：做合理合法的事情；⑦勇气：直面恐惧、危险和逆境（身体上或道德上的）。可以看出，这 7 个方面的因素基本上都与道德有着密切关系。研究表明，核心价值观中最重要的是责任感和道德感。无论何种情境下的领导，都需要重视自己的责任感和道德感的形成和培养。有了责任感和道德感，才能鼓舞和激励团队的合作意识与进取精神，才能让团队成员朝着领导指引的目标努力，领导者描绘的愿景才能实现。

领导道德与领导能力有着内在的关系。中国传统文化特别注重德位相配的思想，随着领导者能力的提高，领导者的职位也有相应的提升，新的职位不仅意味着权力的增大，责任也随之增加，与此同时，诱惑也随之增加。而且随着权力的增大，由于周围人们对其态度的改变和诱惑的增加，领导者个性中的的自负、狂躁等负面情绪也不断积聚，这时就需要领导者加强道德修养以配享权力赋予自己的荣耀。这是因为，一方面由于权力的增长赋予的责任就更大，而这份责任里也包含着更高的道德要求；另一方面，由于权力增大而积聚了负面情绪，领导者需要道德解毒，克制负面情绪，使自身的道德水准在责任和职责中获得提升。

领导道德是一种精神动力，它激励领导者以鲜明的政治态度，饱满的工作热情，空前的积极性和创造性，崇高的献身精神，去开拓、创新，提高效率，高标准、高质量地完成本职工作，从而使自己的能力不断提升。优秀领导者通常都具备良好的道德和人品。作为一名领导者，如果具备良好的道德和素养，能够严于律己、宽以待人，具有容人容事的心胸，善于团结同志，听取不同意见，有良好的工作习惯和健康向上的生活情趣，兢兢业业，廉洁自律，艰苦朴素，才有可能被上级赏识、同事认可，相反，如果一个领导者具有较高的智商和工作能力，但不具备好的道德和操守，不能严格要求自己，不能团结同事，尊重他人，遇到困难时不能挺身而出，甘于和勇于奉献，缺乏应有的事业心和责任感，就很难有良好的发展机会。

C H A P T E R 0 2

第二章

优良传统：中国领导道德的现代启示

中国德治传统悠久，传统文化中领导道德思想非常丰富，对传统中国领导道德思想进行总结、提炼，进行创造性转化与创新性发展，对于我们今天领导理论的创新，加强领导道德修养、指导领导实践都有重要价值。

一、道德的领导功能

中国是一个道德本位社会，道德价值追求是一切活动的宗旨和目标，也是评价一切行为的标准。领导活动也一样，其间贯串着道德追求与道德标准，并被直接赋予了领导的功能。

（一）为政以德：道德具有治国的功能

中国传统社会是一个德治的社会。与西方柏拉图认为《理想国》应由“哲学家”做国王相对应，中国的先哲们认为理想的国君应是“圣人”，所谓内圣外王，所谓修身、齐家、治国、平天下，都是说，修养自己的德行，达至圣人的境界并不是目标，目标是要治理天下，但要达到治理天下的目标，需从修身做起，只有做到了“内圣”，才可能实现“外王”。因而道德在这里就成为领导者担当领导重任的前提，或者说必备素质。由此延伸，治理国家也应当以“德”为基础。历史上长治久安的朝代，如西周、汉朝、盛唐时代在国家治理中都秉持德治与法治并举。早在西周时期，周公就总结商王朝灭亡的教训，提出“以德配天”“修德配命”的思想，主张君主应当修养自己的德行，以配享天命。春秋战国时期的思想家孔子在继承周礼的同时，把周朝的礼制转化为“德治”思想，提出了一整套系统的德治理论。孔子说：“道之以政，齐之以刑，民免而无耻，道之以德，齐之以礼，有耻且格。”在他看来，一个国家如果只靠政治和刑罚治理，老百姓只是出于对外在惩罚的惧怕而不做坏事，但是老百姓并没有羞耻之心，而如果用道德和礼仪来治理国家的话，老百姓不仅不会做于社会稳定不利的事，而且都有羞耻之心和高尚的人格。孔子提出了一整套的德治主张，以代替或补充法制手段。在他看来，治国如果靠道德，那么这种影响力是自然而然产生的，德治的领导力是非常强大的。孔子说：“为政以德，譬如北辰，居其所而众星共之。”（《论语·为政》）实行德政，臣民就能像群星拱北斗那样归服，显示了道德领导力的能量。

（二）以德配位：道德具有育吏功能

中国传统社会强调德治，特别重视领导者德与位的相配。夏朝时候，《尚书·尧典》中就有“夙夜惟寅，直哉惟清”的廉政思想，认为为政者要时时刻刻警惕敬畏，才能做到清廉公正。周公力主“修德配命”“以德配天”。西周时，把“六德”（知、仁、圣、义、中、和）的“六行”（孝、友、睦、姻、任、恤）作为官吏的德行标准。春秋管仲在《立政》篇中说：“君之所审者三：一曰德不当其位，二曰功不当其禄，三曰能不当其官。此三本者，治乱之原也。故国有德义未明于朝者，则不可加于尊位；功力未见于国者，则不可授予重禄；临事不信于民者，则不可使任大官。故德厚而位卑者，谓之过；德薄而位尊者，谓之失。宁过于君子，而毋失于小人。

过于君子，其为怨浅；失于小人，其为祸深。”领导者只有修养自己的德行才能配享上天赋予的权力，才能发挥法定权力的影响力。孔子继承了周公的德治思想，认为领导者只有修养自己的德行，才能号令天下，只有修养自己的德行，才能使政令畅通。“政者，正也。子帅以正，孰敢不正？”季康子又问：“如杀无道以就有道，何如？”孔子回答说：“子为政，焉用杀？子欲善而民善矣。君子之德风，小人之德草。草上之风，必偃。”（《论语·颜渊》）孔子还指出：“其身正，不令而行；其身不正，虽令不从。”（《论语·子路》）领导者责任感强，使命感强，不谋私利，公平待人，态度和蔼，又具有高尚的道德品质，就能增强群众对其的信任感，他的威信自然也就高，影响力自然就强。秦朝官吏的管理制度规定以“五善”与“五失”为原则。“五善”：“一曰忠信敬上，二曰清廉毋谤，三曰举事审当，四曰喜为善行，五曰恭敬多让”；“五失”：“夸以，资以大，擅制割，犯上弗知害，贱士而贵贝货”（不务实、自我吹嘘、自作主张、目无王法、贪婪好利）。

（三）政者正也：道德具有执行功能

政者正也：道德人格是领导者政令通达的保证。什么是政治，孔子用一个“正”字便概括了。“政者，正也。子帅以正，孰敢不正？”“政”字的意思就是端正。你自己带头端正，谁敢不端正呢？“政”的含义就是“正”，由于领导者处于组织中的关键地位，他们具有决策、用人以及制度建设的权力，能通过政策、制度与文化建设影响组织中人们的行为，因而在团体中起着引领作用，因而领导者的言行具有很强的导向与示范作用。上行下效，上梁不正下梁歪，就是这个道理。道德建设中，上级的榜样最为重要。领导干部的人格魅力，必然对干部和群众形成一种吸引力和感召力，正所谓“其身正，不令而从；其身不正，虽令不从”。关于这方面，孔子还有其他一些精辟论述。“上好礼，则民易使也。”领导者只有自己说到做到了，做正了，那么他的命令才能得到好的执行和落实，相反，“不能正其身，如正人何”？领导者如果能够在言行上严格要求自己，按照自身的角色与定位行事，领导者行为符合道德要求，按照组织要求和规范行事，那么，他不需要强制性地发布命令，也不需要实施强硬的措施，下属就会听其言，观其行，自觉自愿地追随领导者，按照领导者引导的方向努力。如果制定了一套道德规范和行为准则，但是领导者并不践行，他不能按照组织规定的道德规范行事，对上级的命令也阳奉阴违，说一套、做一套，那么，领导者纵然三令五申，下属也不会信从。领导者连自身都不能端正，还有什么资格要求别人呢？《论语·为政》中记载：季康子问：“使民敬、忠以劝，如之何？”子曰：“临之以庄，则敬；孝慈，则忠；举善而教不能，则劝。”季康子问如何使人们严肃认真、尽心竭力和互相勉励，孔子说，你对待老百姓的事情严肃认真，心怀敬畏，他们对待领导者的政令，也会严肃认真，不可掉以轻心；你对待父母孝顺，对待幼小慈爱，这样就为下属树立了良好的榜样，老百姓也会忠诚于你。领导者应当选拔推举善良的人，对于能力弱的人进行积极的教化。在治理国家层面，领导者应当言必行，行必果，以身作则，以提升社会公众的品德。在这个过程中，关键的一方是领导者，领导者起着非常重要的导向作用。领导者应根据自身的地位、身份，言其所当言，行其所当行，“修己以安人”“修己以安百姓”，成为下属见贤思齐的榜样，领导说到底是领导人的艺术，领导者的素质和德行对下属和社会公众的素质具有很大影响。

（四）以吏为师：道德具有引导民心的作用

在《五蠹》中，韩非提出：“明主之国，无书简之文，以法为教；无先王之语，以吏为师。”[①] 韩非子虽是倡导法治，提出以吏为师的主张，主要是要百姓不盲从先王的训示遗语，把执法的官吏当作老师。但是，“以吏为师”这一观点，在中国传统文化中，赋予了官吏以教化社会、引导民心的功能。季康子问政于孔子，曰：“如杀无道以就有道，何如？”孔子对曰：“子为政，焉用杀？子欲善而民善之。君子之德风；小人之德草；草上之风，必偃。”（《论语・颜渊》）在这里，孔子用“风”和“草”来比喻“君子之德”和“小人之德”，当风吹过来时，草必然会倾倒，风往哪里吹，草就往哪边倒。这也是孔子反对使用杀戮的手段来治理国家，主张为政以德的理论根据。领导者居于社会和组织的核心地位，他的言行必然对下属乃至全社会产生示范效应，所谓“上有所好，下必甚焉”，领导者喜欢什么，必然引导被领导者和全社会形成一种风气。道德标准和道德要求是不断变化的，人们往往从领导者的言行举止中领悟社会的道德要求，并形成个人判断是非善恶的标准。

二、领导道德的内容[②]

领导道德既包括领导者应当遵循什么原则行事，也涉及领导者应当做什么样的人，坚持什么样的价值观。领导道德是指领导者在领导活动中，为保持协调、和谐的人际关系以及领导活动的有效性而必须遵循的价值理念、道德准则和行为规范的总称。领导道德由道德原则、道德规范、道德品格、道德修养等构成。中国传统文化中关于领导活动的各种道德理论非常丰富，构成了一个集理论、知识和修养为一体的丰富而完备的领导道德体系。

---

① 《二十二子》，上海古籍出版社，1986 年版，第 1185 页。

② 本节写作中，在框架上做了重新建构，但在内容上参考了肖群忠、鄯爱红著《公务员职业道德》一书中第二讲“中国古代官德述评”的内容，引用内容不一一标注，特此说明。

（一）公忠爱民：领导道德的基本原则

领导关系是一种层级关系，在中国古代，除了皇帝之外，所有的领导（官）都需要处理对上和对下的领导关系。处理上、下级之间的关系，作为古代官员最重要的价值取向与核心原则就是“忠”，忠于社稷国家和君主，忠于自己的职责。处理与老百姓之间的关系就是要爱民如子，以民为本，为民做主。公忠爱民构成了中国传统领导道德的核心价值。

1. 忠于国家和君主

中国传统道德最重要的道德义务是忠孝，为人子要孝，为人臣要忠，这是做人的最基本的道德。“忠”，作为传统的一种要求和德行，在历史上主要有两层含义：一是普遍的道德要求与德行，就是要求人尽心为人效力，这是泛义；二是狭义即尽心为君服务。孔子说：“与人忠”（《论语・子路》），曾子说：“为人谋而不忠乎？”（《论语・学而》）这都是从泛义上说忠，朱熹概括为“尽己之谓忠”（《四书集注・论语》）。孔子说：“臣事君以忠”（《论语・八佾》），郑玄说：“死君之难为尽忠”（《孝经注》），这是从狭义上说忠。这两层意思有着内在的联系。但在中国历史发展中，主要强调忠作为臣子道德的狭义，经过五四运动和我国现代社会长期以来对传统道德的批判，愚忠的消极性被广泛传播并获得认同，忠的原初意义基本被忽视和忘记。我们今天在继承和学习忠德时，需要重新挖掘忠德的积极意义，对之进行转化与创新。事实上，孙中山先生已经看到了这一点，他说：“我们现在说到忠于君，固然是不可为；说忠于国是可不可呢？忠于事又是可不可呢？我们做一件事，总要始终不渝，做到成功，如果做不成功，就是把生命去牺牲，亦所不惜，这便是忠。”[①] 他认为要保存和发扬光大中华传统文化精神，我们民族的地位才可以恢复，并将中国传统道德概括为“礼

① 《孙中山选集》下卷，人民出版社，1956年版，第650页。

义廉耻”“忠孝仁爱信义和平”的“四维八德”，作为“中华民国”的核心价值和道德理念。

作为领导道德的忠，其基本要求有“利君”与“利国”两层含义。首先要求臣对君尽己奉献、忠诚不欺、尽心竭力，奉献自己的一切。其次，这种奉献不应出于利己之私心，而应出于利君、利国、利社稷的公心，以道事君。这样就形成了所谓利社稷国家和民众的公忠观念。所谓公忠，指的是对国家利益、民族利益、社会整体利益的忠诚，强调的是为社会尽责，为天下尽忠的献身精神，公忠区别于忠于一家一姓一人的私忠。据现有文献考察，忠的出现最早见之于《左传》，有 70 条之多。《左传・僖公九年》：“公家之利知无不为，忠也。”《左传・成公九年》：“无私，忠也。”《忠经》以“至公无私”释忠，认为忠即是公正，不偏私，“不正其心而私于事，与忠相反也”。忠不是无原则的，而是“忠者中此者也”（《大戴礼记・曾子大孝》），忠是对中正、正义的尽心竭力，公正无私。基于中国传统的公忠思想，由此引申出来的“天下为公”，成了中华民族的道德精神。

在人际关系上，忠的含义是要助善而非助恶。“教人以善谓之忠。”（《孟子・滕文公上》）“以正辅人谓之忠，以邪导人谓之佞。”（《盐铁论・刺议》）“人以事相谋，须是仔细量度，善则令做，不善则勿令做，方是尽己。若胡乱应去，便是不忠。”（朱熹：《朱子语类》卷 21）就是说，在为人谋方面，只应“成人之美”，而不应“成人之恶”（《论语・颜渊》），忠是有原则的而非无原则的。先哲的这些解说，就使忠的含义、要求更加全面、充实，也更加明确，这对今人正确理解为人谋之忠也是有益的。

2. 爱民安民富民

公忠是领导处理臣与君、国家社稷关系的道德原则，领导处理与民众关系的道德原则是爱民利民富民。这一原则可具体表现为知、情、意、行四个方面。

“民惟邦本，本固邦宁”是中国古代统治者提出“爱民”的一个基础性认识。先秦时期，孔子、孟子、荀子等思想家都论述了以民为本的思想。孟子提出“民为贵，社稷次之，君为轻”（《孟子·尽心》）。荀子提出，民众为水，君主为舟，水可以载舟，亦可以覆舟。汉代贾谊提出领导者必须“以民为本”“以民为命”“以民为功”“以民为力”的主张。唐太宗李世民说：“为君之道，必须先存百姓，若无百姓以奉其身，犹割股以啖腹，腹饱而身毙。”（《贞观政要·君道第一》）这些认识，是中国古代的“爱民”伦理提出和践行的思想基础。

爱民如子、与民同乐是爱民思想的情感体现。传统中国社会是一种家国同构的社会，家是国的基础，国是家的放大，君主常以天下人的君父自居，各级官员也常有“父母官”的情结，他们都把老百姓看成是需要自己养活和管教的“子民”，儒家明确以“为民父母”为喻。“为民父母，使民盻盻然，将终岁勤动，不得以养其父母，又称货而益之，使老稚转乎沟壑，恶在其为民父母也！”（《孟子·滕文公上》）如果不能解决好百姓的民生经济问题，就不配做民众的父母。现代社会，基于血缘亲情伦理精神基础上的一种政治模式不断受到批判，但应当看到，传统的以血缘亲情为基础的官、民关系中蕴含的为政、为官者应培养道德情感，以百姓之心为心的道德情怀，在今天也有其价值。孟子所言以不忍人之心行不忍人之政，这种不忍的同情仁爱之心正是从孝的血缘亲情中推广出来的。“五亩之宅，树之以桑，五十者可以衣帛矣。鸡豚狗彘之畜，无失其时，七十者可以食肉矣。百亩之田，勿夺其时，数口之家可以无饥矣。谨庠序之教，申之以孝悌之义，颁白者不负戴于道路矣。”（《孟子·梁惠王上》）在此基础上，孟子还提出了“与民同乐”的思想。“乐民之乐者，民亦乐其乐；忧民之忧者，民亦忧其忧。乐以天下，忧以天下，然而不王者，未之有也。”（《孟子·梁惠王下》）关心百姓的疾苦，能够处处为百姓着想，只有这样百姓才能够为君主付出自己的一切，这是后来范仲淹“先天下之忧而忧，后天下之乐而乐”思想的雏形。

法治社会依然需要道德。正如孔子所说的：“道之以政，齐之以刑，民免而无耻，道之以德，齐之以礼，有耻且格。”为政以德，以道德感化民心，才能使社会秩序井然，民心向上。如果只是依法治国，百姓出于对法律的畏惧而不违法，但内心并没有信奉和遵从道德法则，没有培养起对道德法则的情感，没有内心真正基于对社会道德敬畏的信仰，那么，只要有空子可钻，有漏洞可寻，就会做违法违德的事，这样的社会就不会有人与人之间的同情心，不会有人与人之间的宽容和理解。中国传统的为政以德，特别是将社会政策的出发点与社会管理建立在对百姓的情感基础上的领导思想，在今天依然有其价值。为民做主是古代爱民思想的道德意志。在封建官吏看来，既然自己是子民的父母官甚或是君父，自然要为民做主。按儒家的理解，“治人者”对人民负有无可推卸的政治义务和责任。“当官不为民做主，不如回家卖红薯”，在传统中国社会，“为民做主”意识反映了官员一心为民、积极从政的道德意志，而不是得过且过，无所作为。

政治上的安民。民本思想强调，统治者要实现国家的长治久安，政治上实行仁政，安抚民众。如孔子提出“为政以德”（《论语·为政》）、孟子提出“所欲与之聚之，所恶勿施”（《离娄上》）和“民事不可缓”（《滕文公上》）等仁政主张，要求执政者想老百姓所想，急百姓所急。百姓想要的就给他们积聚起来；百姓厌恶的不强加给他们，顺应民心是最高的治世原则。因为“政之所兴，在顺民心；政之所废，在逆民心”（《管子·牧民》），这就要求执政者还要听民声，顺民意，不能“虐民”“暴民”。

富民、利民是“爱民”的具体行为体现。要想把一个国家、地区治理好，得到民众的拥护，就要把富民、利民放到首位，使百姓真正富裕起来。

富民被儒家看作“政之急”。鲁哀公问政于孔子，孔子回答说：“政之急者，莫在乎使民富且寿也。”（《孔子家语·贤君》）孟子认为，能让人民过上丰衣足食的富裕生活，也就达到了理想的“圣人之治”。荀子说：“事成功立，上下俱富，而百姓皆爱其上，人归之如流水，亲之欢如父母。”（《荀子·富国》）重视富民利民，是因为百姓的贫富与国家的治乱休戚相关。明代开国皇帝朱元璋说：“保国之道，藏富于民。民富则亲，民贫则离。民之贫富，国家休戚系焉。”（《明太祖实录》卷一百七十六）清代的唐甄认为不在于国库是否充实，而在于百姓是否富足。他说：“立国之道无他，惟在于富。”“夫富在编户，不在府库。”（《潜书·存言》）民富则国安，人民生活富足了，对政府和官员就满意了。

（二）尚贤公正：领导处事的道德规范

毛泽东说，领导工作的主要内容就是“出主意，用干部”。选人、用人是领导活动的主要内容，选人用人的能力是领导者必备的能力。围绕选什么人，用什么人，历朝历代形成了各种各样的思想和观点。在这方面，也有规范领导活动的道德规范，其中尚贤用贤、公正待人处世是最为重要的两个规范。

1. 尚贤用贤

人才是一切工作的生命线，古代思想家们就认识到，得贤还是失贤是政治成败、国家兴亡的关键。基于这一点，管仲提出了他的用人原则：“德义未明于朝者，则不可加于尊位；功力未见于国者，则不可授以重禄；临事不信于民者，则不可使任大官。”用今天的话来说就是：在任命一切官员时，都必须根据其实际的政绩，特别是要有取信于民的真实政绩，而不是虚假的、表面的政绩。此外，他还总结出一套对于各级官员实行奖惩的具体办法。“慈孝”“聪慧”“拳勇”出众者，由乡长推荐试用，称职的委任为吏，任用称职的又可以晋升，直至升为上卿助理。管仲选贤任能，在一定程度上突破了世卿世禄制，扩大了人才来源，成为日后科举制度的雏形。《管子·五辅》说："古之圣王，所以取明名广誉，厚功大业，显于天下，不忘于后世，非得人者，未之尝闻。暴王之所以失国家，危社稷，覆宗庙，灭于天下，非失人者，未之尝闻……故曰：人不可不务也。此天下之极也。"

墨子明确指出，"入国而不存其士，则亡国矣。见贤而不急，则缓其君矣。非贤无急，非士无与虑国。缓贤忘士，而能以其国存者，未曾有也。"治国而不优待贤士，国家就会灭亡。见到贤士而不急于任用，他们就会怠慢君主。没有比用贤更急迫的了，若没有贤士，就没有人和自己谋划国事。怠慢遗弃贤士而能使国家长治久安的，还不曾有过。进而认为，桀纣不以其无天下之士邪，杀其身而丧天下。故曰："归国宝，不若献贤而进士。"夏桀商纣不就是没有任用天下之贤士而遭到杀身之祸吗？所以，"归国宝，不若献贤而进士"（《墨子·亲士》）。赠送国宝，不如举荐贤能的人才。墨子把领导者的责任概括为"大人之务，将在于众贤而已"（《墨子·尚贤》）。

古代的思想家、政治家用大量历史事实论证了"得贤者昌，失贤者亡，自古及今，未有不然者"的道理。汉高祖刘邦不仅深知用贤的重要，还是善于用人的典范。刘邦平定天下之后，曾在一次庆功宴上说了这样一段话："夫运筹帷幄之中，决胜千里之外，吾不如子房；镇国家，抚百姓，给饷馈，不绝粮道，吾不如萧何；连百万之众，战必胜，攻必取，吾不如韩信。三人皆人杰，吾能用之，此吾所以取天下者也。"也就是说刘邦之所以能够成就大业，就在于他深知用贤的重要并能善于用贤。

唐太宗李世民是中国历史上杰出的军事家、政治家、战略家，是中国古代最为贤明的皇帝之一，他的很多治国之道为后世所推崇，其中用人之道尤其值得吸取借鉴。唐太宗培养和使用了包括魏徵、房玄龄、杜如晦、尉迟敬德等有名的贤臣。太宗用人之道，可以归纳为以下几点：首先，重视人才，选人用人不论亲疏，不问出生，唯才是用。太宗认为“能安天下者，惟在用得人才”。唐朝初年，长孙无忌是长孙皇后的兄长，房玄龄是隋朝旧臣，张行成原是一介布衣，魏徵则是政敌李建成的谋臣。不论亲疏贵贱，只要是人才，唐太宗都培养和使用，这些人后来都为唐朝的繁荣做出了巨大的贡献。其次，知人善任。唐太宗登基后，唐朝因开国不久，万事待兴，如何合理使用人才，把每一个人放在合适的位置，官员之间互补互助，形成一个合理的结构非常重要。唐太宗知人善任，挖掘每一个官员的特长，关于这一点，他曾说过：“人的才能，各有所长，君子用人，就如同用器皿一样，大材大用，小材小用，各取所长。”例如，他对房玄龄和杜如晦的合理使用，在历史上传为佳话，成为合理使用人才的典范。房玄龄对于安邦治国，总能提出精辟的见解和具体的办法，但却不能把自己的想法和建议进行整理，杜如晦不善于想事，但却善于对别人提出的意见进行周密的分析，经过他的周密审视，一些零散的想法很快就能变成一项项决策、律令提到唐太宗面前。于是，唐太宗就重用了二人，并让他们密切合作，辅佐自己，从而形成了历史上著名的“房谋杜断”的人才结构。最后，以诚相待，宽容纳谏。有人给太宗出主意，要太宗采用些计谋或权术来试探朝中大臣的忠奸。太宗回答说：“如果用这些权术去试探部下，自身就不够光明磊落，如何要求他们正直呢？”张居正对此的评论也非常深刻：“君德贵明不贵察，明生于诚，其效至于不忍欺，察生于疑，其弊至于无所容，盖其相去远矣。”唐太宗对大臣以诚相待，并且虚心听取臣下的意见，对臣下的意见宽容接受。他深知，兼听则明，偏听则暗。有一次，太宗虚心地问魏徵，明君和昏君怎么区分？魏徵郑重地答道，国君之所以圣明，是因为他能广泛地听取不同的意见；国君之所以昏庸，是因为他偏听偏信。说完这句话之后，他又举了历史上正反两方面的例子加以论证。他说，古代尧、舜是圣君，就是因为他们能广开言路，善于听取不同意见，小人就不能蒙蔽他。而像秦二世、梁武帝、隋炀帝这些昏君，住在深宫之中，隔离朝臣，疏远百姓，听不到百姓的真正声音。直到天下崩溃、百姓背叛了，他们还冥顽不知。采纳臣下的建议，百姓的呼声就能够上达了。魏徵的这些至理名言，深深地铭刻在唐太宗的心里。从此，唐太宗便格外注意虚心纳谏。他不管你是什么人，也不管你提意见的态度如何，只要你的意见是正确的，他都能虚心接受。

此外，宋英宗赵曙、明太祖朱元璋等都非常重视人才，并通过自身的实践、观察，总结出很多对后世有借鉴价值的用人之道，体现了中国古代思想家和明智的政治家对政治活动中得贤、任贤的高度自觉。实际上，不仅是一国之治需要贤才，就是一个单位、一个部门，凡是有管理活动的地方，都需要人才，一个领导者最重要的政治道德或品质就在于不嫉贤妒能，敢于善于用人，因为事是由人干出来的，找对了人事也就干成了，这不仅是领导者的品质，也在某种意义上成为领导者的领导能力和艺术。

尚贤用贤的前提是识贤，需要有“贤”的标准、原则和品质。用贤必先识贤，为官者能识人择贤，这是很高的政治智慧，在这方面古人也积累了很多经验，如诸葛亮的观人七法等，由于这讲的是领导者之才而非德，这里就不展开了，掌握用人标准也属于领导者之才，但其标准是用小人还是用君子，是重德还是重才，重贤还是重亲重近，是重能力还是重资历，用人之长避人之短还是求全责备，这些选择在一定意义上也体现着领导者的品质、气度和人格。

作为识贤用贤方面的一条道德原则，古人坚持举贤无私，用人不疑。这实际上已经讲到了官员的另一重要道德即公正待人、公正处世。

2. 公正待人处世

公正待人处世，是人君的执政德行，也是对领导者的道德要求。《吕氏春秋·贵公》说："昔先王之治天下也，必先公……有得天下者众矣，其得之以公，其失之必以偏。"并引述《尚书·洪范》以明"公"义："无偏无党，王道荡荡；无偏无颇，遵王之义。"韩非释"公正"："公心不偏党也。"（《韩非子·解老》）其要旨就是无偏私。《荀子·赋》："公正无私。"《管子·桓公问》："毋以私好恶害公正。"《吕氏春秋·孟春纪·贵公》："天下非一人之天下也，天下之天下也。"天下乃是天下人的天下，作为君王，就不能把天下视为一己之私产，肆意妄为，利用职权，驱天下人之力以谋一己之私利，而应为天下人利益着想。

公正待人处世，就是要守法循礼，以法责成，不徇私情，赏罚得当。《论语》记载："哀公问曰：何为则民服？孔子对曰："举直错诸枉，则民服。举枉错诸直，则民不服。"孔子认为，官员荐人用人一定要推举正直的人放在邪恶的人之上，这样百姓才能信服。《尚书》首先提出"任贤勿贰，去邪勿疑"，任用贤人不存二心，去除邪恶果断不要犹豫。荀子指出，治国者不能"私人以官职事业"，"内不可阿子弟，外不可隐远人"，这样才能"爱其所爱"。（《荀子·君道》）春秋时的祁黄羊，"外举不避仇，内举不避子"，孔子赞扬他大公无私，为历代所称颂。唐太宗告诫群臣，"虽是子弟及仇嫌，不得不举"（《贞观政要·论公平》）。明太祖朱元璋也认识到，"不以禄私亲"，"不以官私爱"，唯求贤才，才是"至公"（《明太宗实录》卷二十四）。

官员只有待人处世公正，才会公生明，明生威。荀子曾说："上公正则下易直矣！"（《荀子·正论》）上级公正下级才能正直，才能形成良好风气。政治实践表明，如果上级对下级的工作客观评价，实事求是，奖惩得当，下级会感到是对自己的鼓励，会更加努力地工作，这样上级的威信树立起来了。相反，领导如果对下级不能就事论事，公平对待，而是以私情代替公义，那么不仅使自己丧失明智而成为一个昏官，而且会使正直的下属的工作积极性得到挫伤，而使一些专投其好、阿谀奉承之辈大行其奸，也就破坏了团队的道德文化。诸葛亮为什么享有崇高威信，重要的一条就是在治国治军中恪守“公正”的准则。痛失街亭后，他力排众议，挥泪斩了与己私交极深的责任者马谡，却奖赏了与自己无甚私情的王平。公正实在是为官者的一个重要道德。

（三）清勤慎信：领导修养的核心美德

“为官之法唯有三事，曰清、曰慎、曰勤。”这是宋人吕本中所著《官箴》的开首之语。吕本中说，为官者明白了这三项法则，就可以永葆俸禄爵位，远离耻辱。官员应注重道德修养，培养清、勤、信、慎的德行。

1. 清：清廉从政

所谓清，就是廉洁不贪。这不仅是官员的个人道德品质，也是保障政治兴衰成败的关键。早在周朝，周公在论及鉴别、考察人物时就明确提出了“廉”的概念，他说“其仕者观其廉洁务行而胜私”。《周礼》中讲到，周天子定期巡视诸侯，将官吏是否廉洁作为赏罚的标准。先秦时期，管子就提出了“礼、义、廉、耻，国之四维”“四维不张，国乃灭亡”的思想，认为廉洁是为政的根本，“廉者，政之本也。”(《管子·牧民》)以后，历朝历代的思想家、政治家都奉行廉洁从政的信条，将之视为政治的第一要义。近代孙中山先生除了强调“忠孝仁爱、信义和平”八德外，还特别强调“礼义廉耻”。孔子说：“富与贵，是人之所欲也，不以其道得之，不处也。贫与贱，是人之所恶也，不以其道得之，不去也。”（《论语·里仁》）“不义而富且贵，于我如浮云。”（《论语·述而》）这些话的精神都与廉洁有关。

2. 勤：勤奋敬业

中国古代官员道德也十分强调勤政，认为勤于政事，励精图治，是官员的基本职责，也是一个朝代兴盛的基础。因而，历朝代代都把勤于政事作为官员必备的品德。

西周初年，周公就曾以殷灭亡的教训告诫周成王“无逸”。他指出，殷朝的高宗、祖甲曾长期在民间生活，知道小民的痛苦，当了国王后，一点不敢懈怠，爱护和保护小民，才能长久保持统治。而殷朝后来的君主，从小过着安逸的生活，不了解小民生活的艰辛，更不知小民的痛苦，只是沉溺于玩乐，结果在位时间都很短。所以周公告诫成王，应该为民众多做些事，不能贪图欢乐、安逸、游览和田猎；不能像殷纣王那样沉迷于酗酒、女色而丧失国家，而要以敬业勤政为首要政德。周公在勤政问题上身先垂范，他因勤奋而政绩卓著，我们曾在前面讲的周公“一沐三捉发，一饭三吐哺”也成为勤政的千古佳话。

元代名臣张养浩，不仅写出了《三事忠告》这样著名的官箴著作，而且本身是一位勤政的楷模。他在任陕西行台中丞时，“到官四月，未尝家居，目宿公署，夜则祷于天，昼则出赈饥民，终日无少怠”（《元史·张养浩传》）。明太祖朱元璋起自民间，深知治理国家的艰辛，“勤于庶务，每临食，匕箸屡废，思得一事即以片纸书之，缀于裳衣”，“临朝则一一行之”（《明太宗治国圣训·论兴亡第五》）。清乾隆皇帝认为“为政之道，莫先于勤”，自谓“朕日理万机，惟日孜孜不敢暇逸”（《乾隆治国圣训·论勤政第三》）。

勤政是一种态度，一种精神，“执事敬”是中华民族的优良道德传统。敬，作为一种态度、精神、行为规范，具体包含如下几层含义：第一，执事专一。“敬”作为一种职业态度，是指对从事的事业要专心致志，全心全意，不可三心二意，见异思迁。第二，严肃认真。现代大儒冯友兰说：“敬即是上海话所谓‘当心’。《论语》说‘执事敬’，我们做一件事‘当心去做，把那一件事’当成一件事去做，认真做，即是‘执事敬’。”[①]第三，勤勉努力。《说文解字》指出：“惰，不敬也，慢，隋也。怠，慢也，懈，怠也。”勤劳的反面是怠惰，怠惰就是不敬，就是散漫，就是随意。怠慢、松懈都是对所从事的职业的不“敬”，“敬”就必然会勤勉，努力。

3. 信：诚实信用

信在传统道德中是五常之德，孔子把“信”列为对学生进行教育的“四大科目”（文、行、忠、信）和“五大规范”（恭、宽、信、敏、惠）之一。信也是中国传统官德的重要德目。中国古代有一个“千金一笑”的典故，说的是周幽王烽火戏诸侯的故事。这个故事说明了为政为官者讲信修德的重要性。周幽王纳褒姒为后，但褒姒从来不笑。周幽王就广泛寻找方法，下令谁能博得美人一笑，就赏千金。于是有奸臣提出建议，说先王时期建立的防备外敌入侵用的烽火台，一处点燃四处均响应，诸侯各国都将搬兵来救，如果把烽火台点燃，各诸侯就会响应赶来，浩浩荡荡的场面一定很壮观，美人见了定会高兴。周幽王采纳了奸臣的建议，点燃烽火，与褒姒高座观看，见诸侯各军忙忙碌碌赶到发现受骗。褒姒果然大笑。结果，当外敌真正入侵时，周幽王点燃烽火求救，诸侯又以为是周幽王骗人就没人来救了。这则故事说明即使贵为天子，如果不讲信用，也会使政令失效。

信是政治的基础，统治者的首要道德。《论语》中有这样一段对话：“子贡问政。子曰：‘足食，足兵，民信之矣。’子贡曰：‘必不得已而去，于斯三者何先？’曰：‘去兵。’子贡曰：‘必不得已而去，于斯二者何先？’曰：‘去食。自古皆有死，民无信不立。’”（《论语·颜渊》）孔子师生所以一再以“必不得已而去”做假设，目的是得出“民无信不立”的结论，强调人

---

① 《三松堂全集》（第4卷），河南人民出版社，1986年版，第492页。

民对政府的信任和信心的极端重要性。人民对政府的信任和信心，乃是国家政权是否稳固的根本。

“人而无信，不知其可。”人无信，不可委以大任，官员是领袖人群，如果不讲信，就不能得到民众和下属的认可与尊重。领导人要有“威信”，实际上如果没有“信”，威又从何而来呢？中国古人认为作为一般人也要内诚于己，外信于人，作为官员就更应该如此。这不仅包括自己要说话算话，令出必行，因为人言为信嘛！另外，还要信任同僚下属，用人不疑也是官员信德的重要体现。

另外，用人不疑，疑人不用，君臣上下之间要相互信任。魏徵曾说：“上不信则无以使下，下不信则无以事上，信之为义大矣哉！”（《旧唐书·魏徵传》）特别强调“任贤勿贰，可以兴矣”。陈子昂从反面指出：“好贤而不任，任而不能信，信而不能终，终而不赏，虽有贤人，终肯至”（《新唐书·陈子昂传》）。苏东坡阐明了“君不疑其臣，功成而无后患”的道理，认为只有这样，“才能使其心无所顾忌，故能尽其才而贵其成功”（《苏轼文集》卷 24）。这确是英明之论，有的领导疑心很重，既想用人，又不相信人，似乎别人整天在谋算他的权位似的，既不信任下级又不敢大胆放权，因此，使下属欲干不能，欲罢不忍，这既不利于工作，实际上也体现出这种居于上位的领导对自己不自信，因而也不敢信任人，这种不道德的政治品质，显然是不利于事业发展的。

4. 慎：谨言慎行

中国古代为官者非常重视谨慎修身，荀子说：“其所为身也，谨修饰而不危。”（《荀子·君道》）“戒过慎微，不敢纵其欲也”（《淮南子·主术训》），为官需谨慎节制欲望；“祸生于得意”（《说苑·敬慎》），为官得意时、得宠时、情绪激动时更应该“慎守官方、以安淡泊”[（清）刚毅:《牧令须知·卷一·居官》]。为官者一言一行都应谨慎，“言轻则招忧，行轻则招辜”（《法言·修身》）。“择可言而后言，择可行而后行。”（《管子·形势解》）谨、慎相关联，古人特别强调“慎独”，慎独既是修养方法，也是修养境界。“戒慎乎其所不睹，恐惧乎其所不闻”（《礼记·中庸》），“身恒居善……独立不惭影，独寝不愧衾（音 qīn）”（《刘子·慎独》）。作为一个君子要为人正直，胸怀坦荡，做任何事情都要问心无愧。只有这样，才能堂堂正正为官。

“慎”德表现在对各种关系的协调和处理上。处理上下级关系，应遵守上下尊卑秩序，不越权、不越位，“君子思不出其位”（《论语·宪问》），“不在其位，不谋其政”（《论语·泰伯》）；处理同僚之间的关系，应该“气象切忌激昂，言辞定要谦逊”（石成金：《嘉官捷径·铭心纪要》），“严刚勿暴，廉而毋刖（音 yuè），毋复期胜，毋以忿怒决”（《睡地虎秦墓竹简·为吏之道》）；处理官员与亲友之间的关系，需坚持原则，又顾及亲情，慎用权力，不为亲情所左右而滥用权力。

“慎”之为领导美德，在领导活动中首先表现为居安思危的慎政意识。《左传·襄公三十一年》：“居安思危，思则有备，有备无患，敢以此规。”《周易·系辞下》有言：“子曰：危者，安其位者也；亡者，保其存者也；乱者，有其治者也。是故君子安而不忘危，存而不忘亡，治而不忘乱，是以身安而国家可保也。”慎德还表现为兢兢业业的慎政作风。吕坤在《呻吟语》中有言：“居官有五要：休错问一件事，休屈打一个人，休枉费一分财，休轻劳一夫力，休苛取一文钱。”此外，慎德还表现了防患未然的慎政能力。“明者慎微，智者识几。”（《刘子·慎隟》）要防患未然，就应该谨小慎微，才能避免祸患的发生。最后，谨慎还是一种权衡轻重的智慧。程颢在《论王霸札子》中曰：“事有大小，有先后；察其小，忽其大，先其所后，后其所先，皆不可以适治。”为官者在领导活动中要“论轻重之序，慎测浅深之量，以别之”（《礼记·王制》）。也就是说，领导者需要具有知先后，别轻重、利害，然后谨慎取舍的慎政智慧。

（四）尽心知性：领导道德修养

领导者在古代也即君子，君子一生致力于人格修养，儒家倡导内圣外王，“修己以安人”，“修己”之极致是“内圣”，“安人”之极致是“外王”。“修己”说的是为官者的道德自觉性，“安人”说的是为官者的社会责任感。儒家经典《大学》“修身、齐家、治国、平天下”的路径，构成了领导道德修养的次序与境界。

孔子、孟子、荀子对修身都极其重视，并总结出了与各自人性论相对应的修养方法。孔子提出了学思结合、自克自省、改过迁善等领导道德修养的途径。孟子则基于其人性善的假设，将“尽心知性”作为“圣人”修养的路径。“尽心”是“知性”的前提条件，做到“尽心”，才可能实现“知性”。“尽心知性”的具体方法是“寡欲”“内省”“养气”。荀子专门著了《修身》，论证了道德修养的重要性。在修养的方法和途径上，专门著了《礼论》与《乐论》，提出了礼别异、乐合同的礼乐并举的修养方法。荀子一方面强调礼的重要作用，认为“人无礼则不生，事无礼则不成，国家无礼则不宁”。同时，还强调乐在和谐社会等级秩序、人际关系中的作用。

儒家经典的修身名篇《大学》指出：“古之欲明明德于天下者，先治其国。欲治其国，先齐其家。欲齐其家者，先修其身。欲修其身者，先正其心。欲正其心者，先诚其意。欲诚其意者，先致其知。致知在格物。物格而后知至，知至而后意诚，意诚而后心正，心正而后身修，身修而后家齐，家齐而后国治，国治而后天下平。自天子以至于庶人，壹是皆以修身为本。”修身的方法和途径有内外两种，向内而言，从低到高分别为格物、致知、诚意、正心。对外而言，依次为齐家、治国、平天下，整个修养路径是从小到大，从易到难，由内而外，由己及人，由家到国，通过这样一种途径，在修身与治国中建立起了联系。

三、中国传统领导道德的特点

我国古代思想家、政治家从为政以德的理念出发，围绕如何提高领导效率，建构了完整的领导道德体系，形成了一套具有严密逻辑的完整的领导理论，其特点有以下几个。

第一，“内圣外王”的理想人格。早在柏拉图提出“哲学王”之前，中国周代周公就提出了“以德配天”“修德配命”的思想。中国先哲孔子强调领导者要通过道德自律和感化，“修己以安人”“修己以安百姓”，提出了“内圣外王”的思想。孟子继承与发展了孔子的圣人思想，认为圣人与常人并没有不可逾越的鸿沟，圣人只是常人对尧舜的效法。孟子说：“圣人，人伦之至也。欲为君，尽君道；欲为臣，尽臣道。二者皆法尧舜而已矣。”[①] 孟子把圣人理想人格与“仁”“义”“礼”“智”等具体的道德目标联系起来，提出了基于性善论的“求其放心”的道德修养论，提出“人皆可以为尧舜”的道德主体论思想，鼓励人们见贤思齐，见不贤而内自省，向圣人境界努力。冯友兰《中国哲学之精神》中说道：所以圣人，专凭其是圣人，最宜于做王。“内圣外王”既力图通过内在德行的修炼，展现自己的道德影响力和人格力，又将内在德行扩展为外在的社会伦理道德，为政以德，修己以安人，影响、教导以及引导追随者和社会大众，实现润物细无声的德行领导。

第二，“人皆可以为尧舜”的道德愿景。在先秦儒家们看来，圣人与普通人在本性上并没有根本的不同，只是后天努力程度不同，因而导致人

---

① 《孟子》，当代世界出版社，2007 年版，第 98–99 页。

们修养的层次和境界不同。荀子虽然主张性恶，但并不是以此否认道德修养的必要性，相反，正是要说明道德修养的重要性。荀子说："尧舜者，非生而具者也。"即使是尧舜这些人，也并不是生下来就具备了当圣贤的条件，而是后天修养身心的结果。因此，成圣、成王的关键在于后天的化"伪"，即便是平常百姓，只要愿意努力，也能化性起伪，成圣成贤。孟子肯确地说："人人皆可为尧舜，亦为之而已矣。""人皆可以为尧舜"的道德修养论给一代又一代的志士仁人描绘了道德理想，又指明了修养路径，提供了修养的动力，为人们成为社会精英，治国平天下提供了精神动力，引领了中华民族自强不息、厚德载物的精神境界。

第三，"以吏为师"的榜样领导。在中国传统社会，官不仅是社会物质生活的组织者和管理者，而且是社会道德生活的榜样。官员不仅执行政令，而且承担着教化职责，所谓"以吏为师"。早在西周时期，古代典章文物，俱掌于官府；礼、乐、射、舞器，都藏于宗庙。民间无书无器，学术专为官有，教育非官莫属，非官莫能。当时也是学在官府，官师合一。至春秋战国时期，学术繁荣，官学衰落，私学兴起，教育冲破了"以吏为师"的局限。至秦朝，为了统制舆论，钳制思想，又在全国确立了"以吏为师"的吏师制度。此后，"以吏为师"逐渐演化为一种文化，一种观念，一种社会期待。百姓不仅在物质生活方面依靠政府，在解决纷争方面依靠官员，而且在道德行为方面效仿官员。如此，官员与其他行业相比，就不仅仅是一种谋生的职业，而是承担着教化民众功能的社会精英。这既是历朝历代学而优则仕的原则，也是学而优则仕的结果。官员在社会上理所当然被认为是引导民众物质与精神的君子阶层。这种思想与儒家通过道德影响力实现政治控制的理想一脉相承。《论语·为政》载：季康子问："使民敬、忠以劝，如之何？"子曰："临之以庄，则敬；孝慈，则忠；举善而教不能，则劝。"你对待人民的事情严肃认真，他们对待你也会恭敬起来。

你孝顺父母，慈爱幼小，他们也会对你尽心竭力了。你提拔好人，教育能力不好的人，他们也会互相劝勉了。孔子曰："子奚不为政？"子曰："《书》云：'孝乎惟孝，友于兄弟，施于有政。'是亦为政，奚其为为政？"[①] 在中国传统文化中，不仅儒家重视德治和道德影响力，法家也同样重视道德影响力的政治统治作用，《管子·君臣上》中说："身立而民化，德正而官治，治官而化民，其要在上，是故君子不求于民。"[②]"以吏为师"是中国文化中政教合一、对官员德行以及德治寄予很高体现的治理特点的体现。直到今天，领导者不仅承载着社会管理的职能，也背负着很高的道德期待。

第四，"慎独慎微"的自律领导。慎独，最先见于《礼记·大学》和《礼记·中庸》。《中庸》说："是故君子戒慎乎其所不睹，恐惧乎其所不闻，莫见乎隐，莫显乎微，故君子慎其独也。"这段话的意思是说，即使在没有外人能够看到的地方，在没有外人能听到的地方，也要谨慎行事。不以善小而不为，不以恶小而为之，无论是在人前，还是在人后，领导者都必须存善念、行善事、努力修养自己的德行，而不能人前一套，人后一套。不论善行大小，恶行大小，领导者都要谨慎而为，而不能因善小而不为，因恶小而为之。慎独慎微既是德行，也是修养德行的方法和途径。

四、中国传统领导道德思想的现代启示

中国有着丰富的领导道德思想。文化具有传承性、积淀性的特点，因而，中国传统的领导道德思想作为一种领导智慧，对今天的领导者依然具有很重要的借鉴意义。在全球化时代，多元价值冲击着人们的价值观、伦理观，领导道德也不例外。特别是十八大以来，由于反腐败力度的加大，

---

① 杨伯峻：《论语译注》，中华书局，1980 年版，第 20—21 页。

② 《二十二子》，上海古籍出版社，1986 年版，第 132 页。

大量的高官落马对今天领导道德的建构提出了新的挑战。在建构新时代领导道德的过程中，如何对传统领导道德实现创造性转化与创新性发展，历史性地摆在国人的面前。

“内圣外王”作为一种理想人格模式，在中华民族几千年的历史上，激励着一代又一代的人修养德行，为国尽职，对于塑造中华民族“修齐治平”的理想人格起了积极的作用。在今天，这种理想模式依然作为一种心理机制，对中国人崇尚道德，爱国奉献，勇于担当的精神状态发挥着重要的作用。但同时应该看到，在现实生活中，存在“内圣”与“外王”、“厚德”与“载物”的分离。在不同的历史阶段，这二者之间的关联必呈现出复杂的相关性。很多时候，“内圣”未必能实现“外王”，“外王”也未必就是“内圣”。当代著名学者林毓生就“内圣外王”如此评价道：“这种不从外在制度上加以规范，而要求政治人物从内在的心灵上自我改造，以致使政治终究要变成道德的办法，是一种极为不易、几乎不可能实现的、一厢情愿的空想。”[①] 然而，也应当看到，权力与道德的关系随着社会历史的变迁也在不断变化，这种以“德行”引领追随者自愿追随的领导力，与现今社会的人本领导、仆人领导等领导理论有契合之处，体现的不再是一种通过控制实现领导，而是通过服务、通过德行来达到引领社会的一种建设性的努力。东西方都有过以德行为政治支点的历史时期，到近代，权力取代了德行成为领导活动的支点。在当代，互联网等新型技术的发展正在全面地重构着社会生活，也包括权力结构与领导方式，其中一个趋势就是传统的“圣人”政治与道德领导将再次成为领导的要旨。

“以吏为师”的官德传统赋予领导者以教化的功能，对于官员道德修养的影响是双向的，今天对之应当进行创造性转化。以吏为师，将官员

---

① 林毓生：《中国传统的创造性转化》，生活·读书·新知三联书店，1988 年版，第 111 页。

假设为具有本领又有德行的高尚的圣人，将之排除在了具有“饮食男女”需求的普通人的行列之外。社会期待不断地提醒领导者要修养德行，为人表率。从理论上说，这种高标准、严要求似乎有利于提高官员的道德水准，事实上，这种做法也确实培养了一批道德君子，官员群体中有很大一部分有操守、重修养、有人格的君子。但也不可否认，由于社会对官员有着很高的道德期待，一些官员为了迎合社会公众的道德期待，将自己标榜为道德榜样，对大众进行道德教化，从而成为人前人后、台上台下两个人的伪君子。这些年报道的腐败大案的涉案者们，一边在慷慨激昂地做着反腐倡廉的报告，一边大肆贪污受贿，就是这种伪君子的写照。此外，“以吏为师”的领导道德思想在肯定了官员的道德影响力的同时，也强化了普通民众对官员的依赖、仿效和盲从，对自己的某些愚蠢的或不道德的行为寻找借口。普通民众的道德能力和道德自主性被极大地贬低。

“慎独”是中国传统领导道德中一个独特的范畴。早在秦汉时期，《礼记·中庸》中就提出：“莫见乎隐，莫显乎微，故君子慎独也。”意思是，隐蔽的东西没有不被察觉的，细微的东西没有不显现的，所以君子独自一个人的时候也要非常小心。慎独既是一种修养方法，也是一种道德境界。作为一种道德修养的重要方法，它强调的是在“隐”和“微”两点上下功夫；作为一种至高的道德境界，它强调在无人监督的情况下，从内心动机到外在行为都要谨慎不苟，达到主动自觉、自然而然的善。领导者提升道德修养，归根结底要看他是否将外在的道德规范变成内心自觉遵守的法则，最终达到即使在独处之时，也能将道德原则和规范作为一种内心信念指导行为。此时，道德追求就成了一种信仰，具有了宗教的功能与价值。如果说，在传统社会慎独作为领导道德的一种修养方式曾经发挥过非常重要的作用，那么在今天，慎独依然还是领导者道德修养的一种功夫和境界。

但是，现代社会道德修养不单纯借助于内心的信仰，还需要借助外有的法律法规，特别是领导者拥有权力的时候，必须从制度上对权力进行监督和约束，而不能仅仅依靠慎独与自律。

CHAPTER 03

第三章

人生为何：领导道德信仰

“信仰是人心中最高的情感。也许，在每一代中……没有一个人超越它。”[①] 任何人都需要有信仰，它是人们生存的一种精神需求。美国诗人惠特曼说：“没有信仰，就没有名副其实的品行和生命；没有信仰，就没有名副其实的国土。”电影大师卓别林说：“我相信，信仰是我们一切思想的先行官。”《哲学大辞典》中将信仰定义为“对某种理论、思想、学说的心悦诚服，并从内心以此作为自己行动的指南”。信仰体现着人对价值理想的建构与承诺，凝聚或整合着人的世界观、价值观、人生观。现代社会，随着市场经济和科学技术的发展，信仰危机已成为现代社会普遍存在的基本问题之一。没有了信仰，就没有了终极关怀和价值根基。对于新时代的领导者而言，道德信仰的确立刻不容缓。

一、信仰及其形成

信仰指对某种主张、主义、宗教或对某人、某物的信奉和尊敬，并把它奉为自己的行为准则；信仰带有主观和情感体验色彩，是人的一种精神需求，它为人们提供心灵的寄托，为人们所期待与追求，指引着人们行为的方向。信仰与理想、信念相关，但又不同于理想与信念。了解信仰的产

① 克尔凯郭尔：《（恐惧与战栗）跋》，转引自《西方思想宝库》，吉林人民出版社，1988年版。

生以及与相关概念的差异，对于理解信仰有重要意义。

1. 理想、信念、信仰

信仰是一个与理想、信念密切相关的概念。理想，是对未来事物的美好想象和希望，是人们在实践过程中形成的、有实现可能性的追求。理想以想象、希望和构想的形式存在，但是理想不是幻想，它在社会生活中具有现实的可能性，为人们所向往和追求。理想是和人们奋斗目标相联系的、具有实现可能性的信念。信念是人们基于一定的认识，对某种理论主张、思想见解或目标追求的坚信无疑的精神状态。信念基于一定的理性，但不仅是理性，它得到了强烈的情感和坚强的意志的支持，信念使理想获得了强有力的支持。信仰比信念更高一层次，不仅表现在对对象信奉的程度上的更强烈，而且表现在它是人们精神生活的最高领域。信仰是人的世界观、价值观和人生观的集中体现。它是人类价值生活的总指导。

信仰是信念的整合和升华，是信念中的信念。“信念常用来特指对一些比较具体的观念相信和信奉，而信仰则用来表示对最高层次和最核心的观念信奉和相信。”[①] 信仰在精神领域占有主导地位，从根本上影响支配着人的所有其他信念。万俊人在《信仰危机的“现代性”根源及其文化解释》中，将信仰定义为“特定的社会文化群体和生活于该社群文化条件下的个体基于一种共同目标期待之基础上所共同分享或选择的价值理想或价值承诺”。进而他认为：“信仰的根本问题或本质是一种生活价值导向问题。对社会而言，它通常表现为某一社会、民族和社群所选择并确定的一以贯之的价值理想和终极目标，有着鲜明的社会意识形态特性。对个体而言，它总是显现为某一特殊的成熟个体在其生活实践中所选择并坚信不移的主导价值观，对其言行有着支配性和决定性的影响。”[②]

---

① 刘建军:《追问信仰》，河北人民出版社，1998 年版，第 9 页。

② 万俊人:《信仰危机的“现代性”根源及其文化解释》,《清华大学学报》，2001 年第 1 期。

2. 理性、信仰与迷信

理性与信仰的关系历来充满争议。有的人把理性与信仰截然对立，认为信仰是人在没有充分的理性认识足以保证一个命题为真实的情况下，就对它予以接受的一种心理状态，因而信仰中有很强的非理性因素。基督教的神学家，大多一方面强调信仰与理性的区别，认为上帝的存在和意志超出人的认知能力；另一方面却又要通过人的理性来论证上帝的存在和意志，其间的矛盾难以解决。现代社会，科学技术的发展加剧了信仰危机，带来了一系列社会问题。重建人的信仰，需要回答信仰与理性、宗教与科学的关系问题。

解决理性与信仰的关系问题，需要超越认知理性，从价值理性的视界来寻求突破。人的理性不仅包括认知理性，而且还包括价值理性。古希腊的亚里士多德在谈到人的理性能力的时候，就对知识（Knowledge）、科学（Science）、技艺（Art）以及实践智慧（Practical Wisdom）等做了区分。康德曾明确提出纯粹理性与实践理性的差异。在《纯粹理性批判》中，康德把上帝的存在问题看作一个不可知、不可证的问题，但在《实践理性批判》中，却赋予上帝的存在以道德意义。认为上帝不能作为认识的对象，但可以作为信仰的对象。这是一个非常重要的思想，对于解决信仰与理性的矛盾提供了一个思路。

价值理性与认知理性既有相通之外，又有自己的特殊性。价值理性以理性的认知为基础，但又不同于一般的理性认知。一般的认知理性是对事情“真的是怎样”的发现或揭示，而价值理性则是对事情“好的应怎样”的评说。前者是从实际存在的事实出发，认识事情的本来面目和真相（是什么），是为了求真，其价值性在于合规律性。后者则是从人的目的出发，去构建自己的理想，并据此评判现实事物的好坏，是为了求好，其价值性就在于合目的性。认知理性所要做的是认识世界，是要实事求是，去伪存真。价值理性所要做的是改造世界，是弃恶扬善，使现实世界尽可能地符合或接近自己的理想世界。

评价也有对错问题，所谓的好也有真好还是假好的问题。但评价的对错不在于其是否真的符合某一客观事实，而在于其是否真的符合一定的目的和理想。而关于评价对错的证明，更比一般的认知真假的证明复杂得多，有许多需要经过未来长期的历史发展才能得到证明。

价值理性是区分善恶的理性，以及辨别美丑的理性。在艺术领域，理性主要表现为美丑的辨别和去丑求美；在道德领域，理性主要表现为善恶的区分和弃恶扬善。一般的善与美，是与人的具体目标连在一起的，而人们信仰的神圣价值，即完满、完善、完美的崇高价值，则与人的终极目的和终极关怀连在一起。

信仰与人的情感和欲望等所谓的非理性因素相关，但并不是完全非理性的，而是基于人的价值理性的一种意识现象。精神分析学派代表人物弗洛伊德把人的意识分为潜意识、显意识和超意识三个层面。如果用浮于水中的冰山来形容，潜意识相当于沉入水中的冰山底部，显意识是露出水面的部分，而信仰则是冰山的顶部。信仰需要运用一定的知识，基于一定的理性分析和逻辑论证，特别是与价值理性密切相关的意识现象。真正可靠的信仰，应该是建立在理性的基础之上，但又不止于理性之利害权衡，而是与人的终极目标相联系的高于认知理性的理性。贺麟在《文化与人生》中认为，“信仰是知识的一个形态。知识是思想或理智的产物。思想或理智的活动可以表现为许多不同的形态。信仰、感情、意志等，表面似与理智相反，其实都弥漫着思想的活动，蕴藏着理智的成分，都可以说是知识的不同的形态。不过信仰中所包含的知识，其来源与从严格的科学方法得来的知识，稍有不同罢了”。“信仰是知识的形态，同时也是行为的动力，也可以说信仰是足以推动行为的知识形态。并且可以说信仰是使个性坚强、行为持久、态度真诚、意志集中的一种知识形态。”[①] 张锡金在《人生哲语：信仰说》中将信仰定义为：“对某种理论、学说、主义或人等的信服和崇拜，是带有倾向特征的心理状态。简言之，信仰 = 理性 + 情感。”魏长领在《道德信仰与自我超越》中将信仰定义为“人们对人生及其生活于其中的社会乃至整个宇宙的起源、存在、性质、意义、归宿等重大问题的认定和确信，并以此形成人们的最高价值理想和终极目标”。可见，信仰是基于理性，与价值理性密切相关的一种信念。

信仰与理性相关联，与科学的关系也需要辨析。在西方，Science 是与 Nature 对应的。我们把整个世界分为自然界、社会和人类思维，自然界就成为与社会和人类思维并列的不同界别。但从另一个角度说，社会和人类思维也属于自然现象，是自然界的一部分，也具有自然的性质。所谓自然的性质，即事物原本、本然或天然的性质，可以说是事物自身的本性，即事物自身原本是怎样的——是什么及为什么。所谓科学，就是对现实事物本身是什么及为什么的真的认知。

从信的对象而言，信仰与科学信念相比，前者主要是信其有价值，后者是信其为真理；前者主要是因其好而信，后者是因其真而信；前者主要是因其可敬可爱而值得信，是应信而信，后者是因其可知可证而可信，是可信而信。从信的主体而言，科学信念则是以人的认知理性为基础的，所信的观念是在人的认知理性能力范围之内的。对于自身生存于其中的这个现实世界，人既有认知的欲望，也有一定的认知能力。而信仰是以人的情感、欲望和评价理性为基础的。作为信之主体的人，对于信仰，主要是因为他想要信，渴望信，起码是愿意信而信；而对于科学信念，则是因为他能知、能证所以能信。

① 贺麟：《文化与人生》，商务印书馆，1996 年版，第 91—103 页。

首先，信仰是价值型信念，科学信念则是知识型信念。价值信仰是对理想“应怎样”的创造性想象，是人内在的主观希望或精神向往，是人追求完满、完善和完美的崇高理想与愿望。科学信念是有关现实的，是对事实“是怎样”的认知，是对外在的客观现实的反映，是“认识世界”的“真知识”、真理念。

其次，价值信仰是一种崇拜式的信念，科学信念则是探求式的信念。信仰是一种崇拜，但不同于盲从与迷信。人是精神的存在，在精神世界里，需要为求知之外的信仰留有一席之地，以此来满足人性对未知世界以及圆满的求索。因为，现实的人自身是有缺陷的，有所能有所不能，有所知有所不知；但是人总是想克服自身的缺陷，向往完满、完善和完美。崇高和神圣的价值因其超越现实的人和现实世界的物，因而对人充满了诱惑，人需要以此来充实自身的精神世界，追寻存在的意义和价值。

价值信仰不同，科学观念一方面是在揭示自然奥秘、探求自然规律的基础上形成的，它是属人的，是在人的现实的认知理性能力范围之内的，是现实的人认知现实世界的结果，而非超人或超现实的。而人崇拜的则是超人、超现实的。进一步说，科学的观念还是相对的、发展的、可超越的，而非绝对的、终极的、不可超越的。即使是对有限的具体事物的认知，这种认知也只能是一定层面上的。从它是某一侧面的认知来说，它是片面的；从它是某一层次的认知来说，它是由浅入深的。真理都是相对真理。没有绝对的全面真理，也没有绝对的终极真理，没有真理的顶峰。因而它不仅不是超越于人的，而且可为人所超越。所以，人们对科学观念的崇拜与科学观念的本性不相容，反而会有害于科学观念，造成科学观念的僵化和异化。我们可以赞叹人们在科学知识方面的成就，但却不应崇拜科学知识。科学观念不需要崇拜，而需要怀疑。怀疑精神本身就是科学精神的一个重要方面。

当然，不管是对于真正的科学信念，还是对于真正的信仰，理性的怀疑都是必要而有益的。理性的怀疑，首先是理性的，而怀疑也不等于简单的不信，而是要在信或不信之前，先进行一番理性的疑问和审视，经得起理性的审视而可信或应信的才信。鲁迅先生曾提道："中国的人民是多疑的。无论哪一国人，都指这为可笑的缺点。然而怀疑并不是缺点。总是疑，而并不下断语，这才是缺点。"当然，理性本身也不是万能的，理性本身也有其局限性，理性自身也需要怀疑。但对理性的怀疑也是理性的一种表现，这正是理性自觉的表现。

提到信仰，也有人会联想到宗教，进而认为是迷信，叫作"封建迷信"或"宗教迷信"。然而，迷信作为一种现象，并非只是封建社会特有的，而是产生非常之早，并存在于各种社会生活中，包括我们的现代社会，只是有程度的差异和具体表现方式的不同。迷信不仅先于科学，而且先于宗教。而对于迷信，不仅科学家和科学工作者深恶痛绝并极力批判，宗教神学家和宗教信徒也深恶痛绝并极力批判。

迷信的确与信仰有关，在一些辞典中，迷信通常被定义为盲目的信仰。迷信可以说是信仰的一种低级形式，培根就说过，迷信与信仰的关系，就好像猿猴与人的关系一样。如果从历史的现象来说，迷信与信仰有共同之处。但迷信与信仰有着根本的不同。明确信仰与迷信之间的区别，具有重要的意义。

作为信念的一种特殊形式，或者说具有特殊性质的一种人的信念，迷信既不同于科学信念，也不同于真正的信仰。

迷信是关于现实世界之具体和有限的事物的超现实的观念。有学者指出，宗教与迷信之间的一个重要的区别就在于宗教相信无限、无形、彼岸的神和境界，而迷信则相信有限、有形、现世的神和境界。这也讲出了信仰与迷信之间的区别。迷信赋予有限、有形、现世的现象或事物以无限、无形、彼岸的意义。于是，原本属于科学认知的对象，却变成了人们崇拜的对象。

从迷信者所以迷信的主观原因来看，迷信是因为迷信者因缺乏对现实世界的认识，因对现实世界未知现象的无知而恐惧，并希望通过乞求外在力量的保护而实现自身的某些不确定的欲求，即因有所惧和有所求而有所信。迷信者对于迷信的对象都有所怕，这种怕是出于对所迷信对象的无知。同时，一般来说，迷信者对于迷信的对象也都有所求，而这种欲求又往往是对不当求或不可求之东西的欲求，可以说是一些非分之想。例如，求不治之医，求飞来横财。这些所求，或违背自然规律而根本不可能，因而是与科学信念相矛盾的，或表现了人的心魔或自私心态，因而又不同于真正的信仰。真正的信仰是信仰神圣和崇高，所以，真正的信仰总是与崇高和奉献连在一起的。马丁·布伯在《希伯来的人本主义》一文中说，“信仰就是自我奉献”。但迷信却表现为实用的信和自私的信。当然，从根本上来说，人们对崇高和神圣的信仰，也与人的利益有关。从真正的信仰者的动机来说，并不是为了获取某种功利上的好处，特别不是为了自己功利上的好处，而是对崇高理想的向往。迷信者的迷信却往往急功近利。就好像贿赂鬼神一样，是想从鬼神那里换取更大的好处。

总之，迷信把属于科学研究的对象当作信仰的对象，既不是以科学研究为基础，又不能为人们提供精神价值层面崇高的信仰。如果说，科学信念是一种知识型信念，信仰是一种价值型信念，那么迷信则既非基于知识又非基于崇高理想的为了功利目标的一种盲目信念。支撑科学信念的是人的认知理性，支撑崇高信仰的是人的价值理性，而支撑迷信的则是人的反理性。迷信既不同于科学信念，也不同于真正的信仰。真正的信仰与崇高和神圣相连，而迷信却与自私和粗俗相结合，真正的信仰经得起理性的审视，但迷信却经不起理性的怀疑。

3. 信仰的形成过程

信仰不是先天的，而是自然因素、社会因素以及个体心理素质共同作用的结果。信仰形成的第一步是信息传播与接受。一种信仰在社会上传播，如果信息接收者的价值观、思想、情感和接收到的信息是一致的，信息的接收效果就好。人们接收到了某一种与自身价值观、思想相一致的信息，在此基础上，又逐渐转化为认知、情感、意志、行为，久而久之，成为自身坚定不移的价值追求和愿意为之献身的理想，就转化为了个体的信仰。

认知，是对事物、理想或主义的理性认识，在信仰形成的整个过程中都有认知的参与。人们对认识对象的看法不同，对其真理性的评价不同，决定了信与不信。认知决定接受不接受一种主义或理想，它是信仰的基础与前提。列宁说："人的目的是客观世界所产生的，是以它为前提的。"[①] 如果没有对客观世界的认识，信仰也就无从谈起。信仰与人们的认识水平，与科学技术的发展水平有着密切关系。人们对世界的认识水平不同，信仰也就不同。

情感是指人们在对事物进行评判的基础上产生的愉悦、爱戴、苦恼、悲哀、忧虑等内心体验。情感虽然是非理性的，但是又与理性、与人们的认知有着密切关系，情感基于认知，认知决定着情感的方向与程度。当你们得到了与自己的价值观、思想相一致的认知，感知到认知的对象与自己的需求相一致，能够满足自己的物质或精神某一方面的需求时，就会对之产生愉悦和欢喜的情感，否则，如果认知到对象可能会使自己的利益受损，不能满足个体的需求，反而会对个体满足需求构成阻碍时，就会对某一对象产生痛恨、厌恶的情感。情感并不是一成不变的，而是随着认识的发展而不断丰富。情感的丰富又反过来强化人们的认识，增强认识的深度和

① 列宁：《哲学全集》（第 38 卷），人民出版社，1959 年版，第 201 页。

广度。情感是认知向信念转化的催化剂。正如列宁指出："没有人的感情，就从来没有，也不可能有人对于真理的追求。"[①]

意志是人们履行义务过程中自觉克服困难的心理活动，是人们在关键时刻做出抉择的果断精神、为理想奋斗的坚持精神以及自我控制、自我约束的能力。意志在各种心理素质中，处于非常关键的地位，它是认识、情感转化为行动的最为主要的推动者。知与行的不统一，情与行的不一致，在很大程度上是由意志所决定的。意志的强弱对于一个人的心理和精神具有支配性的作用。人们是否有一个健康的精神在很大程度上取决于意志力的强弱。美国电影《美丽心灵》的主人公甚至用坚定的意志来战胜精神上的幻觉。人们之所以不能将理想付诸行动，或者在实施的过程中半途而废，大多由于缺乏坚强的意志。是否具有坚强而持久的意志力也是人们能不能够战胜自我，实现理想的关键所在。

相对于认知、情感、意志来说，信仰是建立在认知和情感基础上的具有综合性、持久性特征的知识体系。相对于认识的初级阶段，或者说对事物的零散的认识而言，信念是相对成熟的认识，它基于对某一物、观念和主义的认识、认同、接受，进而对之产生了情感，并产生了极大的尊崇，从而坚定了自我的认知，并愿意将之作为自己的行动原则与指南，朝着它所指引的道路走，当面临选择时以它为选择的价值和原则。

行为，是信仰的外化，是人们基于一定的认识、情感，在意志的指引下付诸实践的努力。人的信仰不会只停留在思想层面，一定会付诸实践，所谓"内化于心、外化于行"就是信仰形成的过程，一种理论、主义通过认知被人们接受，通过情感的参与得到巩固和深化，成为人们个性和价值追求，再在意志的推动下实现由认知、情感和实践的转化，从而完成了信

① 《列宁全集》（第20卷），人民出版社，1958年版，第255页。

仰的一个循环。当然，知、情、意、行作为信仰的要素，在发挥作用时并不是机械的，没有严格的先后次序，而是相互推动、相互促进的动态过程。信仰行动的过程，也是加深认识、培养情感、磨炼意志的过程。实践可以磨炼意志，也可以在切身体验中增强对所信仰事物的情感，进一步提高对信仰的认识。看一个人的信仰坚定与否，不仅要听其言，更要观其行；不只看他一时一事的表现，还要看他一贯的行为表现。

信仰是在外界环境的影响和心理诸因素共同作用下，人们意识中建立起来的一套人生价值体系。信仰的形成首先是社会环境与教育的结果，但是同样的社会环境、受教育背景，却会有不同的信仰。因为信仰是个体在自我意识选择的基础上形成的一种高级心理现象。由于个体的智力发展水平、情感丰富程度、意志强弱程度的不同，人们对信息的选择、消化、接受各不相同，同一个信息，在不同的个体那里有不同的反应和认识，人们在认知、情感、意志、信念、行为诸方面的成熟程度与发展方向上的不一致、不平衡，从而形成了不同的信仰。

二、信仰对领导者的价值

信仰是对某种思想、主义或某种宗教的信服、崇拜，进而奉为言行的准则。一个人、一个民族、一个政党都要有自己的信仰，信仰是一面旗帜，是精神支柱。人类从有文化记载以来，就孕育产生了不同时代的信仰。但是无论世事如何变迁，作为一种精神力量的信仰是人之为人的根本，也是人之为人的终极需求。对领导者而言，信仰决定他对道路的选择和做事情的动力，既决定他走向哪里，也决定他能走多远。领导者不仅要做出自我选择和判断，还要把信仰通过有效的途径让组织成员接受，并带领组织成员为将信仰化作行动和现实而努力。因而信仰对领导者来讲具有更为重要的意义。领导者只有把理想信念建立在对科学理论的理性认同上、对历史规律的正确认识上、对基本国情的准确把握上，才不会迷失。

“志之所趋，无远弗届，穷山距海，不能限也。志之所向，无坚不入，锐兵精甲，不能御也。”理想所指，没有不能达到的地方，即使是山海尽头，也不能限制。意志所向，没有不能攻破的堡垒，即使是精兵铁甲，也不能抵抗。一个人只有心中有所信仰，才能有所担当，才能不惧困难，不计舍得勇往直前。

人是理性的动物，都有经济理性，知道在现实的功利面前权衡利弊取舍，但人如果陷入眼前的利益，就会失去长远的追求，就会失去前进的方向。信仰具有超越性，具有超现实性的信仰并不是只停留在理想中的空想，它有着强大的现实功能，表现为它对人们的现实生活发挥着价值功能，是推动理想走向现实的过程。在这个过程中，领导者坚定的信仰可以给组织成员以信心，从而能超越眼前的物质利益，为了一个理想目标而做出牺牲。

首先，信仰为领导者提供组织目标与价值引领。领导是在特定的组织系统和社会生活中具有影响力的个人。领导的工作就是在特定的组织结构中，通过有效的方法与途径，让组织成员理解、认同领导者指引的方向和道路，并愿意追随领导者前行的过程，是领导者通过有益的方式和方法，促进个人和集体努力去实现共同目标的过程。领导者的关键在于“领”，信仰是组织前进的目标。中国共产党成立 90 多年来，领导中国人民取得了一个又一个的胜利，其领导之所以坚强有力，就是因为有信仰、有目标，让广大党员有使命感，让人民群众有方向感。一个政党如果不能让党员有使命感，无法让群众有方向感就会失去号召力和凝聚力。一个组织，如果不能让组织成员有明确的方向感，并能够让组织成员坚信组织会有美好的前景，就很难激发起组织的使命感和凝聚力。一个人只有知道了从哪里来，到哪里去，才能知道追求什么，信仰什么，什么是有价值的。一个组织，也必须让组织成员明白我们究竟从哪里来、往哪里去，信仰什么、追求什么，领导者对于组织来说有着什么样的功能和价值。把这些问题讲清楚，组织成员才会追随领导者，才会朝着领导者指引的方向前进。

信仰是对人生意义的整合，是人的一种高级需要。人是需要在对人生目标和意志整合的基础上形成一个统一的、明确的价值目标和终极关怀，以此为自己的人生道德和原则选择提供标准和原则。在谈到人生需要信仰时，心理学家荣格说过，“尽管大多数人并不知道为什么身体需要盐，但每个人都出于一种本能的要求而摄取着盐分……大部分的人从记忆难及的洪荒时代起就感受到了一种信仰的需要，需要信仰是一种生命的延续性”。信仰给人以精神寄托和精神慰藉，赋予人生以意义。一个有真诚信仰的人，会感到人生是有意义和价值的；而没有信仰或失去信仰的人，则会感到人生的空虚、无聊和浮躁。所以，一些曾经为自己能从旧的信仰中解脱出来而欢呼的人，后来又会逐渐地产生对新的信仰的渴望。

其次，信仰给领导者以行动的动力和勇气。一个人意志力的强弱与其信仰的真诚和坚定的程度是成正比的。耶稣说：“如果你有信仰，你就会对这座高山说：你将被搬掉。”愚公移山，靠的就是坚信子子孙孙只要坚持，就可以把太行山和王屋山搬掉的信仰。信仰可以给人克服困难、战胜挫折的勇气和动力。战争年代很多优秀的共产党员就是因为有坚定的信仰，才能挡住各种诱惑，把自己遭受的艰难困苦和挫折当作是对自己信仰的考验。

最后，信仰能塑造领导者的人格，从而使领导者具有权威性与前瞻性。领导活动的权威性既来自对领导者合法性的确认，又来自人格等凝聚性要素的合力。合法性确定了领导在其开展的过程中必须建立在相应的地位等级、权力这一基础上，而人格的凝聚性就取决于领导者是否有信仰，是否有原则，是否能坚守正义。真正崇高的信仰，能够引导人们超越眼前的利害得失，从更高的层次理解世界与人生。具备崇高信仰的人，就不会为了眼前的利益，为了一时的委曲求全，为了前进道路上的阻力而丧失信心，他会从信仰中吸取力量，战胜自我，战胜困难。这样的人对于组织成员来讲，就具有了超越一般人的感召力与凝聚力。

人类精神存在具有独特的能动性。精神作为物质的意识功能，一旦产生就具有了超越物质属性、具有了自身独立的目的性和意义性，因而，我们说人是物质性的存在，也是价值性与超越性的存在。信仰具有理想的指向功能，具有承载人的精神超越的功能。人在满足其物质需求的同时，还有着追求精神价值与终极意义的需求，信仰正是满足人的精神价值追求的现象，它为人的存在构建自己的意义世界，超越物质需求的满足以实现精神追求的目标。领导者是为大众谋利益的群体，他们必须超越眼前个人的私利，必须具有崇高的精神信仰。

信仰能使领导具有前瞻性，保证领导决策的正确性，从而实现组织的长远目标。在复杂多变的现代社会，领导者是否具有前瞻性，是否具有远见卓识至关重要。只有具有了远见，才能够准确判断未来可能发生的变化、确定组织未来可能的发展方向，这似乎看起来是一个认识问题，但其实内含着对人生总的目标与方向，人根本需求的规律性的认识。信仰的作用在于让人克服人性的偏执与短视，克服个性中的自私。人越是能够从个体的欲望与自利中超脱，就越可以认识世界与人生的本质，越可能接受人类的共同利益，基于人类共同利益基础上的对社会发展趋势预测，并根据这种预测及时做出战略决策与战略规划，定是可以做出适应外部环境变化的符合人类长远利益与整体利益的决策。

在现实生活中，有些人自私粗俗，为了个人的一点利益，就不惜牺牲他人和集体的利益，但有些人却能够超越自我、小我，不计较个人的得失，一切以他人利益、组织利益和社会利益为重，帮助那些需要帮助的人。历朝历代，或战争年代，或和平年代，都有一些人无私地奉献自我，甘愿放弃利益、放弃自己的舒适和安逸，他们之所以能做出这样的选择，就在于他们有崇高和神圣的信仰。相反，一些人手中握有重权，可以为大众谋利益，为天下人谋福利，但他们因为没有远大的理想，没有为大多数人谋利益的信念，把领导这一职位看作谋取个人利益的手段，这既是缺乏对社会发展趋势的准确认知，又缺乏对权力本质的认识与把握，还丧失了约束自我的意志力，从而成了背叛信仰的阶下囚。

三、领导道德信仰的确立

领导者是拥有权力和影响力的特殊群体，他们个人爱好与对信仰的追求，左右着他们任期内组织的发展方向。当代中国经济高速发展的同时，也给社会带来了一系列的问题，一个最为明显而需要关注的问题就是信仰的缺失。重建信仰成为当今中国和世界共同需要面对的问题，无论是企业还是政府，领导者的信仰尤其重要，重建领导者的信仰尤其迫切。

领导与普通人相比较而言，既有作为人的终极信仰的精神层面的信仰，还有作为组织价值目标的信仰，此外还有达到组织目标而必须遵循的行动价值与规范。这是一个由抽象到具体、由远及近的有层次的信仰体系。第一层次，作为个体人之为人的精神追求与信仰非领导特有，与其他个体一样，是最高层次的信仰。第二层次的信仰，即是组织追求的价值与目标，从属于第一层次的信仰。第三层次的信仰是领导者所独有的，对待下属与其他人的道德信仰，也即是领导活动中应当遵守的道德原则。尊重每个人，给每个人应有的尊严是领导人的信仰。尊严和尊重完全与地位和权力无关，每个人无论他们处在何种人生的境地或现实环境，都有权期待得到尊严和尊重，尤其是从有地位和权力的人那里。

古人云："德者才之王，才者德之奴。有才无德，如家无主而奴用事矣，几何不魍魉猖狂。"司马光在《资治通鉴》中，更是贴切地将居官者分为4种：德才兼备者是圣人，有德无才者是君子，有才无德者是小人，德才全无者是愚人。通俗地说，就是德才兼备是上品、有德无才是次品、无才无德是废品、有才无德是危险品。高尚的品德对一个人的一生非常重要，没有道德约束、失守道德高地，即使才高八斗也难以成就大业，轻则事业受挫，重则身败名裂。宋朝大臣秦桧很有才华，他创造了宋体字，对普及教育做出了重要贡献，但以"莫须有"的罪名害死岳飞，因此遗臭万年。中央军委原副主席郭伯雄、徐才厚，丧失了对党的信仰，以败坏之德祸害军队的风气，导致吃喝奢靡、跑官要官之风盛行，最终被永远钉在了军史的耻辱柱上。

作为领导者，确立坚定而科学的信仰是其强而有力的影响最主要的支撑。没有信仰，就谈不上影响力，更不可能有领导力。领导干部当官，首先要在心中树立一个正确的价值取向：当官为了什么？这是一个根本的信仰问题。不少领导干部在"为了谁、依靠谁、我是谁"问题上没有坚定的信仰，也就没有明确的判断，因而陷入困惑之中。领导者要确立信仰，需要做到：

首先，要提高领导者的理性认识，增长知识和智慧。蒙昧是滋生迷信与盲从的温床。通常教育、科学和文化越落后的地方，迷信和盲从就容易盛行。历史证明，科学知识是消除迷信和盲从的最有效的武器。远古时代，人们由于对自然和社会的无知，因而产生了各种迷信，随着对自然规律和社会规律越来越深入的了解，了解得越广泛越深入，以对外部力量的恐惧为基础的迷信和盲从就越来越失去了存在的根基。领导者之所以会迷信，很大程度上也是缺乏科学知识，同时，也由于信仰丧失所致。据媒体报道，一些领导者不信马列信风水，都是基于对科学的无知。只有用科学的知识武装头脑，才能有科学信仰充实心灵。马克思信仰不会自发确立起来，一个对马克思主义理论一无所知的人，不可能对马克思主义极度尊崇和坚定不移。

其次，必须大力提倡积极思考，反对盲目崇拜。积极的思考是科学信仰形成和发展的重要条件。社会主义、共产主义学说的形成，首先是马克思、恩格斯积极参加革命实践的结果，也是他们积极思考的结果，是艰苦脑力劳动的结果。同时，科学的信仰又为积极思考提供正确的价值取向。科学信念是与积极思考有机统一的，没有经过自己的思考确立起来的信念往往是不牢靠的。积极思考并不等于是在胡思乱想，也不是陷于纯理性的思辨，而是要掌握科学的方法与观点。

最后，领导者要通过社会实践坚定信仰。实践是检验真理的唯一标准，对信仰科学性的鉴别也只能以社会实践为标准。科学的认识要转化为情感，上升为信仰，就需要领导者在实践中不断地体验。没有革命的情感，就不会有革命的信仰。倘若仅仅在思维中认识了真理，而不用于实践，不在实践中检验就不能深刻地理解社会发展的规律和趋势，就不能获得情感上的强烈认同，科学的理论也就不能上升为信仰。马克思主义作为一种信仰被广泛接受，也是经历了从感性认识到理性认识到实践的不断的循环往复，领导中国革命实践的领导者不断地在实践中验证其科学性，并在实践中体验到劳苦大众获得解放的必然性与必要性，培养起了对于劳动者的强烈情感，从而将解放劳动者、解放全人类为目标的共产主义作为崇高的信仰。马克思主义不是封闭的思想体系，而是在实践中不断发展的开放体系。马克思主义作为信仰，不是把马克思主义作为教条和口号，而是要运用马克思主义来探索和解决中国社会的实际问题。确立科学信念，它不仅需要学习和探索科学知识，而且需要不断地反思与实践，只有这样，才能在各种理论、思想和主义的多元并存中，找到符合中国实际的科学信仰。

C H A P T E R 0 4

第四章

天下为公：领导道德责任

责任是一种道德义务，履行责任是道德义务感的直接体现。人作为自然存在，和自然界必然要发生关系，人作为社会存在，还会有各种各样的社会关系。人在社会上生存，要扮演各种社会角色，父母、兄弟、姐妹、子女，配偶、朋友、同事等都是社会角色。领导者作为人在社会生活中扮演的一种角色，就必然承担一定的责任。弗雷德里克·莫舍（Frederick Mosher）认为，“在公共行政和私人部门行政的所有词汇中，责任一词是最重要的”。[①] 库珀更是认为“责任是构建行政伦理学的关键概念”[②]，法律责任则是公共行政中最基本的责任，它确保政府及公职人员的行政行为合法[③]。随着“新公共行政运动”的兴起，道德责任方面的内容成为行政责任体系中无法忽视的因素。正如美国前司法部长巴尔所言：“我们最迫切的问题不是由我们法律中的缺陷引起的，而是起因于应该支持法律的道德共识的分崩离析。总之，我们所面临的危机是一种道德危机。解决危机的办法主要不是取决于政府的行动，而是取决于个人的行动；不是依靠于新的法律，而是要依靠道德的复兴。”[④] 甚至说：“在公共部门和私人部门所有的

① 特里·L. 库珀：《行政伦理学：实现行政责任的途径》，中国人民大学出版社，2001年版，第62页。

② 特里·L. 库珀：《行政伦理学：实现行政责任的途径》，中国人民大学出版社，2001年版，第65页。

③ 张康之、李传军：《行政伦理学教程》，中国人民大学出版社，2004年版，第270页。

④ 巴尔：《三种不同竞争的价值观念体系》，《现代外国哲学社会科学文摘》，1993年第9期。

行政中，责任最为重要。”[①] 对领导者来说，责任是在法律上、道义上忠于职守的义务。权力和责任是对等的，有权必有责。领导者应认识到“责任重于泰山”，时时处处慎用权力。

一、责任与道德责任

责任，是我们每一个生活在一定社会关系之中的人与生俱来的，马克思和恩格斯在《德意志意识形态》中曾说过：“作为确定的人，现实的人，你就有规定，你就有使命，就有任务，至于你是否意识到这一点，那是无所谓的。这个任务是由于你的需要及其与现存世界的联系而产生的。”[②] 在马克思、恩格斯看来，使命、任务和职责是由社会的物质生活条件和人们在社会关系中所处的地位决定的。无论任何人，因我们要在社会中生存，就必然与他人、社会、国家、人类乃至自然界发生关系，因而都或多或少、或直接或间接、或远或近地承担一定的责任。人们对自己责任的认知以及承担责任的主动性、自觉性与积极性就是所谓的责任意识。所谓的责任意识，就是自觉地把客观的责任转化为个体主观的责任、并积极地去承担的心理特征。

1. 责任概念

按照《汉语大辞典》的解释，“责任”的含义有三重：其一，是指使人担当起某种职务和职责；其二，是指分内应做的事；其三，是做不好分内应做的事，因而应该承担的过失，担负责任、承担后果等。在西方思想史上，苏格拉底把责任看作“善良公民”为国家和人民服务所应具备的本

---

① 特里 · L. 库珀：《行政伦理学：实现行政责任的途径》，中国人民大学出版社，2001 年版，第 62 页。

② 《马克思恩格斯全集》（第 3 卷），人民出版社，1960 年版，第 329 页。

领和才能。作为一个实践道德责任的典范，苏格拉底把岗位与职责对应起来。在他看来，世界上没有不负责任的工作，每一项工作都与相应的责任相对应。苏格拉底提醒那些企望获得光荣岗位的人，要看到那些光荣的岗位应负的责任。苏格拉底认为一个统治者对于国家事务如果没有精确的知识，他就不可能对国家有好处，也不可能使自己变得光荣。伊壁鸠鲁认为我们拥有决定事物的主要力量，他把一些事物归因于必然，一些事物归因于机遇，一些事物归因于我们自己。在他看来，“……我们的行动是自由的。这种自由就形成了使我们承受褒贬的责任”[①]。

英国近代杰出的资产阶级思想家培根基于公共善高于个人善，整体福利高于个体福利的认识，将责任理解为维护整体利益的善。他认为，只要人没有堕落，就会承认“力守对公家的责任，比维持生存和存在，更要珍贵得多”[②]。培根盛赞《圣经》故事中那些对公众有益的善德，批评只图私利的恶行。康德认为，义务是“主观的行为准则服从普遍的实践理性法则”的过程，人们履行自己的义务，就是善的美德，违背义务就是恶德。义务是“包括善良意志的概念，虽然也意味着某些主观的限制和阻碍……但是这些通过对比使其显现、使它发出更强烈的光芒”[③]。职责是生命哲学的代表人物柏格森伦理学中最基本的概念，他在《道德与宗教的两个来源》中通篇都在论述这个概念。柏格森认为：职责，我们把它看作人们之间的约束，首先是我们对我们自己的约束。柏格森认为，人有个体性与社会性，也即个体既属于自己又从属于社会。个体性与社会性构成了人的双重属性。个体不可能孤立地生存，人们在社会团体中相互依赖，相互需要，个体作为社会整体的一分子，应当承担对他人和对整体社会应担负的职责。

---

① 周辅成：《西方伦理学名著选辑》（上卷），商务印书馆，1964年版，第124页。

② 周辅成：《西方伦理学名著选辑》（上卷），商务印书馆，1964年版，第552页。

③ ［德］康德著，苗力田译：《道德形而上学原理》，上海人民出版社，1986年版，第46页。

但是，柏格森不同于康德，他不是将人类的理性，而是将生命冲动的情绪看作道德职责的基础。相反，他认为理性有时候对人们承担责任是消极和被动的。尽管哲学家们对职责、责任的规定及来源问题上有分歧，但无论如何，职责、责任都是一种客观的存在，这一点是无疑的。在西方文化中，常译成中文“责任”一词的英语单词有 duty，responsibility，obligation 等，它们通常分别译为：义务、责任、职责。英文责任的含义，与中文对责任概念与包含的意思基本一致。责任无论在中文中还是在英文中，都被看作人之为人而必然要担负的一些使命，如果把这种使命内化到人们的个性中，责任就成为人的一种品德和一种精神状态，无论是在中国还是在西方，责任概念具有多义性，在不同的场合和环境中，有不同的含义。归结下来不外乎实质和形式两方面的含义。

责任的实质含义又由客观要素、主观要素和责任形式三种要素构成。客观要素即是指，责任的产生基于一定社会关系的人之为人的客观义务。主观要素即责任归属以及对责任的认知和承担。义务违反必然引起“谴责”“非难”，涉及责任承担者有无过错，以及人们对其评价是否公平，这种主观的评价与感受构成了责任的主观要素。此外，责任的履行需要一定的形式，即基于客观义务以及人们对客观义务认识基础上的个人或社会群体对责任主体的约束形式。一个完整的责任概念，应当由客观、主观和形式三要素组成。根据责任的客观要求、主观要素和约束形式的不同，责任可以分为三类：其一，基于人们应当承担的人之为人的必须承担的客观职责的法律义务；其二，基于人们对自身应当承担主观责任的认知的强烈使命感与良知的道德责任；其三，责任的承担形式包括强制性的纪律、法律以及非强制性的良知与道德。

人有各种各样的需要、动机以及欲望，人总是在不断地寻求各种方式和途径来满足自身的需要、动机和欲望。换句话说，人总是希望摆脱外在的约束，渴望自身的意志和行为是自由的。但是，人的需要的满足离不开物质和环境的制约，意志和行为自由总是受到客观必然性的制约。在意识和行为中，人与客观世界的关系问题体现为自由与必然的关系问题。

人做什么或不做什么，表面看来是主观随意的，其实都在一定程度上受到客观必然性的制约。马克思在谈到人的行为选择时说过："如果他要进行选择，他也总是必须在他的生活范围里面、在绝不由他的独自性所造成的一定的事物中间去进行选择的。例如作为一个爱尔兰的农民，他只能选择：或者吃马铃薯或者饿死，而在这种选择中，他并不永远是自由的。"个人不可能超越客观环境提供的可能性去随心所欲地选择做什么或不做什么。在人的主体性与历史规律的客观性问题上，主体性的真正形成，必然是在以往历史实践活动中逐渐发展并成熟起来的。而这种实践的主体性一旦形成，便可以在遵循历史规律的前提下，发挥主体性所天然包含的能动性及创造性，从而对历史进程施加反作用。

首先，客观必然性制约着行为的动机。动机是推动人们活动的直接原因。人类的各种行为都是在动机的作用下，向着某一目标进行的。心理学研究表明，动机与人的需要密切相关，但二者又有不同。人可以有多种需要，但不是一切需要都能转化为动机。是否能转化为动机取决于是否具有物质的或精神的诱因的刺激，是否具有相应的客观条件。人的哪些需要可以转化为动机，跟他所处环境、时代的物质条件有关。在科技水平较为低下的古代，不可能产生乘宇宙飞船登月或坐飞机周游列国的动机。

其次，客观必然性制约着人们的行为方式，制约着人们实现目的的手段和途径。关于人的行为受客观必然性制约，经典作家有过很多精辟而透彻的论述。马克思说："人直接地是自然存在物。人作为自然存在物，而且作为有生命的自然存在物，一方面具有自然力、生命力，是能动的自然存在物；这些力量作为天赋和才能、作为欲望存在于人身上；另一方面，人作为自然的、肉体的、感性的、对象性的存在物，和动植物一样，是受能动的、受制约的和受限制的存在物，也就是说，他的欲望的对象是作为不依赖于他的对象而存在于他之外的。”[①] 苹果熟了自然会从树上掉下来，人类的飞天之梦要在发明了功率强大的飞机之后才能实现。从广州到北京，古代的书生赴京考试需要骑马或步行几个月，现在人们乘动车、高铁或飞机，只需几个小时就可到达。

最后，客观必然性制约着人们的行为效果。目的能否实现，一方面取决于主观努力，另一方面受制于客观条件，“谋事在人，成事在天”“尽人事，听天命”说的都是这个道理。在行动中，主观不努力，就如同守株待兔；不考虑客观条件，其后果就会是缘木求鱼。人的努力必然受到客观条件和环境的制约，这一点早为思想家们所预言。科学技术的发展使人类认识自然、改造自然的能力大大提升，在社会领域，人类不断进行制度变革与创新，使社会朝着更有利于发挥人的潜能的方向发展。但是无论是科学技术的发展，还是被认为是创造了丰富的物质财富的资本主义制度建立，对人类来讲，都具有双重的效应。科学技术的发展与人类制度创新的历史表明，人类追求自由的盲目性与自然规律和社会规律不以人的意志为转移的客观性。科学技术不断发展，不断增强人们行为的自由度，但是人永远不能只取其利而不受其弊，对于科学技术发展带来的后果人们是难以预测和把握的。资本主义制度也一样，它极大地调动了人们的生产积极性，创造了有史以来最辉煌灿烂的物质文明，但是由此引发的人类的贪欲的无节制以及对自然的破坏带给人类的后果却是不可估量的。

人生既有受制于客观必然性，受制于自然规律和社会历史条件的一面，也有认识客观规律，利用客观条件，自觉、主动地进行实践活动，进

① 《马克思恩格斯选集》第 1 卷，人民出版社，1972 年 5 月版，第 16 页。

行选择和创造新生活的自由和能力。审视人类文明，反思自己的人格——智慧、技能、情感、意志品质等，就会承认人类的意志自由，即人们依照其拥有的条件去决定是否做一件事情的能力。换言之，人类的行动不完全受客观因素影响，在客观必然性面前，并不是完全被动的，而是有选择的自由，或由于主观的意志支配的。尽管意志自由是相对的，然而的确是存在的。意志自由建立在人们对客观必然性的认识之上，人们认识了这种必然性，并积极主动地去实践、去创造，就能获得这种相对自由。

所谓自由，有两层含义。一方面与自然必然性相联系，恩格斯说："自由不在于幻想中摆脱自然规律而独立，而在于认识这些规律，从而能够有计划地使自然规律为一定目的服务……自由就在于根据对自然界的必然性的认识来支配我们自己和外部自然。"①人生受客观必然性的制约，但是基于对客观必然性的认识和把握，人是可以获得自由的。对必然性的认识越全面、越深刻，人类驾驭自然和自身的能力就越大，自由的程度也就越大。

另一方面，责任是与义务相联系的概念。马克思说："如果不谈谈所谓自由意志、人的责任、必然和自由的关系等问题，就不能很好地讨论道德和法的问题。"②又说，"一个人有责任不仅为自己本人，而且为每一个履行自己义务的人要求人权和公民权。"③列宁也说："切实执行法令的责任，首先落在工厂主、经理、董事、大股东身上。"④"所有职员也有责任执行这个法令。"⑤通过马克思、列宁等经典作家的论述，可以看到，责任是法律义务和法律权利的基础。要讨论道德和法的问题，就需要先讨论责任问题。责任和义务相区别，责任是在义务的基础上产生的，责任先于义务，而不

① 《马克思恩格斯全集》，第 3 卷，人民出版社，1960 年版，第 355 页。
② 《马克思恩格斯选集》，第 3 卷，人民出版社，1972 年版，第 152 页。
③ 《马克思恩格斯选集》，第 2 卷，人民出版社，1972 年版，第 662 页。
④ 《列宁选集》，第 3 卷，人民出版社，1972 年版，第 149 页。
⑤ 《列宁选集》，第 3 卷，人民出版社，1972 年版，第 150 页。

是义务先于责任，责任是人们意识到义务而产生的主观或客观的必须担负的使命和职责。同时，责任不仅包括对分内当尽的职责的承当，也包括因没有承担相应的客观责任而需要受到的惩罚。义务更多地指在一定的关系中所应当做的分内的事，通常不涉及因没有履行相应的义务需要承担的处罚。

现代国家普遍承认并保障公民拥有基本的权利和自由，但是，自由不等于没有约束、为所欲为，权利和自由的行使是以一定的义务与责任相对应的。如果每个公民都享有不受限制的权利，那么无约束的权利便会相互抵触，从而使每个人的自由都失去保证。一方面人受必然性制约，人不可以摆脱自然与社会的必然规律而行动，人没有离开客观必然性的自由；另一方面人又不是完全受制于客观必然性，在一定的条件下，他有决定做与不做某件事或者采用什么方式做的自由意志。既受制于必然性又拥有一定的自由意志，这两点规定了人生必须承担一定的责任。由于前者，人应当和必须做些什么或不做什么，而不能为所欲为、无所不为，亦即它规定了人生责任的必要性；由于后者，人能够选择做些什么和不做什么，而不能为所欲为，无所作为，亦即它规定了人生责任的可能性。认识人生，必须同时认识到这两点，缺一不可。

人有了自由，就有了责任。在道德领域，自由就意味着道德选择的自主性。道德责任是以道德选择为前提的，行为选择的自由，即我可以做和不做的自由构成了道德责任承担的最主要依据，换句话说，道德必须以个人有做出决定的自由和有能力在善恶之间进行选择为前提，因为有了选择的自主性，就有了承担责任的要求，道德责任由此产生。

2. 领导责任的规定性

与责任概念相对应，领导责任也包含两重含义。一是从主动性的角度来说，领导责任是作为领导者与其职务相对应的应尽的职责，通常与领导者的职位相联系，是由法律法规所规定的某一职位的职责所决定的，以道德责任为表现；二是从被动性的角度而言，如果领导者没有尽到法律所规定的领导职位应当尽的义务，领导者需要为由于失职而导致的后果负责，通常以法律责任与行政责任为表现。事实上这两种含义是统一的，是领导职责的两个方面。领导者行使一定的职责，同时应当承担违反该义务的相应后果，两者是因果关系。

对于领导责任的种类，学者们从不同的角度对领导责任进行了划分。最具影响力的是美国学者特里・L. 库珀（Terry L. Cooper）的研究，他的《行政伦理学：实现行政责任的途径》，可以说是对领导责任研究的经典著作。在这本书中，库珀把领导责任划分为客观责任和主观责任。客观责任源于法律、组织机构、社会对行政人员的角色期待，主观责任则根植于自己对忠诚、良知、认同的信仰。按照库珀的界定，领导的主观责任体现的是领导责任"应然"的视角，同时也是领导魅力的来源。主观责任是领导者个体对于忠诚、责任感的价值判断。在中国的文化与语境中，领导主观责任是领导的信仰、价值和人格的体现，它是领导者基于个人成长经历、所受教育而形成的价值观在个人内心、人格和行为习惯中的沉淀。主观责任的核心是领导者的价值观，价值观是指一个人对周围的客观事物（包括人、事、物）的意义、重要性的总评价和总看法。价值观由个体的认知、情感与意志构成，每个人都是独立的个体，对事物的认识和追求不同，价值观就不同。同时，人也是一种群居动物，当人融入一个群体中，其独立的价值观也会因为周围环境的影响而发生改变。因此，领导者的价值观还受到行政环境影响，是领导者个体的知、情、意、行和客观行政环境互动的结果。领导者的价值观与领导行为、组织行为有着密切的关系。领导者个体的价值判断决定了领导的行为，领导的个人行为带动了所在组织的行为，组织的行为又影响了整个社会的氛围。领导者将自己的价值观融入管理之中，使下属的价值观趋同，并形成组织的价值观和文化，这对于组织的管理和发展都有重大的意义。

长期以来，社会主要偏重于从客观责任的角度考察领导责任，忽视领导主观责任。特别是改革开放以来，对领导的考核出现了重绩轻德的倾向，仅以可量化的经济发展指标来衡量一个领导者在任期间所承担的领导责任，而对于潜在的影响社会长远发展的主观责任没有具体的可量化的标准，导致的不良后果就是“形式主义”“表面文章”“政绩工程”。对领导个人而言，由于缺少了主观良知和对自己承担的社会责任的反思，长此以往，领导者就会认为自己的职责就是完成上级政府及相关部门交代的客观任务，从而在工作上缺乏主观的内在激励因素。

领导责任与一般的责任的区别在于，领导活动是以权力的行使为前提的。美国著名未来学家阿尔温·托夫勒说：“过去权力被滥用，使权力概念总带有一股臭味。尽管如此，权力本身既无所谓好，也无所谓坏。”权力是一种关系，一种领导与被领导者的关系，是一种要配享某种权力而需要承担的责任。权力为责任所系，责任能够规范权力的职能。领导者通过承担职位角色获取相应的职位权力，是以承担相应的责任为前提的。权力与责任是对等的，权力靠责任来制约，责任靠权力来履行和落实。“权力的本质是责任”，只有认识到这一点，领导者才会积极履行自己的责任，才会慎用权力，才不会肆意滥用权力。领导者应当把权力视为一种责任，慎用权力，处理好权力与责任的关系，权力和责任是不可分割地联系在一起的。

3. 领导的责任意识

“在其位，谋其政；司其职，负其责。”这一古训是对从政者的基本要求，也是衡量领导者是否称职的重要标准。把它落到实处，防止权力与责任脱离，既要搞好思想教育，引导干部树立正确的权力观，更要重视制度建设，加强对权力的监督制约。责任意识是一种积极的精神状态，敢于负责，善于负责，这是责任意识的基本要求和外在表现。领导者在看权力、地位的同时，更应看到权力背后那沉甸甸的责任。只有强化责任意识，才能“在其位、谋其政”，对自己职权范围内的工作真正负起责任。

（1）从责任到责任感

责任是外界条件对行为主体的客观要求，是对人的行为的外在约束和规范，是他律。领导者认识到权力关系的本质，认识到权力与责任的关系，就会产生一种主观的以良知和自律的形式而存在的责任感，驱使其正确对待权力、正确运用权力。

从责任到责任感转化的第一步是行为主体对责任的认识。我国汉代学者王充说：“天地之性人为贵，贵其知识也。”他认为人与禽兽不同的特点在于具有较高的认识能力；清代学者戴震在阐释孟子的性善论时说，“人以有礼仪，异于禽兽，实人之知觉大远乎物则然，此孟子所谓性善。”他认为性善根源在于优势的认识能力。人类认识能力与人的责任感的这种关系，表明理性与感性、科学与道德都是相通的。爱因斯坦曾说过：“现在这代人往往注意我们这些人发明了什么，有什么著作，实际上我们这些人的道德行为对世界的影响从某种意义上来讲更大。”他在评价居里夫人时说：“第一流人物对时代和历史进程的意义，在其道德品质方面，也许比单纯的才智成就方面还要大。”

从责任到责任感的转化的第二步是行为主体对责任的认同和接受。人的认识过程是一个知、情、意、行共同发挥作用的过程，接受心理学的研究表明，个体心理形成的机制是：第一步是有了对某一事物和观点的认识，第二步是对该事物情感上的认同与接受。认知的过程是一个通过对事物或观点“真”的判断从而接受某一事物或观点的过程，是一种事实判断。认同和接受的过程是一个情感过程，是对事物应当如何的判断，是出于对一事物或观点的喜爱或者敬畏从而从内心接受，并希望按照事物或观点指引的方向去做的过程，是一种价值判断，通过由认识到情感的转化，外在的要求就转化为了内心的自觉。作为一种责任，当处于认识阶段时，人们往往通过言语去表达，当化为情感和行为时，经过长期的践行，就会成为个体人性和品格中不可或缺的一部分，成为内心的一种需要，责任使人生充实和厚重，米兰·昆德拉《不能承受的生命之轻》所描述的就是人生如果没有了责任和必需，就会产生虚空与无聊。

（2）责任感——领导的动力源

人在情感上接受、认同应当承担的责任，就是自觉自愿地按照责任规定的要求去承担自己应该担当的责任，从而成为人生不懈努力追求的强大动力。对领导者而言，责任感可以推动领导做好职位规定的当做的事，担当起自身应该担当的责任。

首先，责任感使领导者产生强大的意志力，从而促使领导者用理性战胜非理性，用意志克制自我，让自我的感情与愿望朝着符合组织意图的方向发展。对领导者而言，在领导工作中，难免会由于主、客观环境的复杂性和任务的艰巨性，产生无所可为，消极无助，甚至退却的想法，有时在强大的困难面前，会失去驱使自己去努力奋斗、去拼搏的热情。但如果一个领导者把领导工作不仅仅理解为一种职业，而是对做好工作有着强大的责任感和使命感，就不会轻言放弃，半途而废，而会产生克服困难的勇气和信心，有知难而上的斗志，在克服困难的道路上创造奇迹，在推动工作、成就事业的同时，成就一个伟大的领导者。诸葛亮在其著名的《出师表》中称自己要“鞠躬尽瘁，死而后已”，表达的就是这种情感，正是因为他心中有强烈的责任感，所以他宁可牺牲自我，也一定要完成使命。

其次，责任感使人在面临许多种选择时，做出有利于组织目标的取舍。责任感是人生的向导。在一定意义上说，人生就是选择。人生的每一阶段，都会经常面临做什么不做什么的选择，对富有责任感的人来说，因其有原则，因而做出选择并不难。相反，如果人缺乏责任感和原则，就会陷入选择困境中，要么以个人利益为原则进行取舍，成为失去人格的利益的奴隶，要么左右为难，无所适从。人生责任不会因为人没有责任感而消失，没有责任感，漠视责任而行事，最终会失去人生的方向与目标。

最后，责任感赋予领导者强大的战胜困难、持之以恒的意志。从心理学上来说，意志品质有优劣、强弱之分。领导者之所以成为领导者，他必然具有优良的意志品质，这些品质包括自觉性、坚韧性、果断性、自制性等。孟子说："天将降大任于斯人也，必先苦其心志，劳其筋骨，饿其体肤，空乏其身，行拂乱其所为，所以动心忍性，曾益其所不能。"上天将要赋予那个人担当大的责任，一定要先使他经受内心的痛苦，身体的劳累，忍受饥饿、贫困之苦，通过这些磨难锻炼他的意志力，增长他的才能。凡是成就事业者，一定是经过苦难考验的，那些没有经受住考验的人就逐渐被淘汰了。意志坚强的人能克制自己，抵挡外在的诱惑，不轻易受外界的影响。能够在生活中不怕困难与失败，愈挫愈勇，最终成就大的事业。人之所以具有这样坚强的意志力和恒心，也因之有内在的责任感和使命感的呼唤。贝多芬在致其弟弟的信中曾说："我尚未把我感到的使命全部完成之前，我觉得不能离开这个世界……在患难中支持我的是道德，使我不曾自杀的，除了艺术之外也是道德。"司马迁 38 岁才继承父亲的职位，做了太史令，开始《史记》的资料准备和撰写工作，最终克服重重困难，留下了不朽的传世之作。

二、领导道德责任的三个维度

领导责任，可以分为政治责任、道德责任、行政责任及法律责任等。道德责任是指领导者们对他们领导行为所引发的善或恶的结果所应承担的责任，它依靠社会舆论、内心信念和风俗习惯的力量来约束领导者的行为，促使领导者按照社会道德规范的要求行事。领导道德责任是基于领导身份角色而应当担负的道德责任，是社会公众与所在组织成员对领导者的道德上的期待，也是领导者自身内在良心上进行自我反省和谴责，是领导者自觉自愿履行道德责任的一种品德与人格。领导者的道德责任是其政治责任和法律责任的基础，它既和政治责任、行政责任、法律责任一起对领导者的行为起着评价和问责的功能，同时也是促使领导者履行政治责任、行政责任与法律责任的内在约束和补充。

（一）领导道德责任的三个维度

领导道德责任体现于领导关系之中，渗透于人对自我的责任、对他人的责任、对社会的责任之中，并通过它们反映出来。具体地说，领导道德责任可从三个维度进行界定。

第一个维度：对自我负责。人对自我负责，其基本的要求就是珍惜生命，并追求有价值的生活。对自我负责可以具体地表述为："自爱、自尊、自律"。自爱，即爱惜自己的身体、人格和名誉。每个人都有自身对生命、生活的认知与体悟，在不损害他人利益的前提下，每个人都有选择自认为有价值的生活的权利，但是，并不是每个人都有能力对自身选择的生活承担责任的能力。对自我负责，就是要求个体爱惜自己的身体、人格和名誉，对自身的每一步选择承担责任。人不只要过自己想要过的生活，还要自觉追求高尚的人格。人只有从爱自我的身体、欲望转化为爱自己的人格和名誉的时候，才能被他人接受，被他人理解。只有进入这种境界，自爱才具有了行为责任的意义。

自尊，是与自爱密切联系的一个概念。自尊，即自我尊重，是个体对其社会角色进行自我评价的结果。自尊既是自我尊重和自我爱护的一种心理机制，同时更多地表现为一种要求他人、集体和社会对自己尊重的期望。美国著名心理学家 W. 詹姆斯在《心理学原理》一书中提出了一个自尊的公式：自尊 = 成功 ÷ 抱负。意思是说，自尊与成功和个体的抱负有很大的关系。增大成功和减小抱负都可以获得高的自尊。成功或许有许多制约因素，但我们可以降低对工作和生活的期望值，缩小自己的期望值，一个小小的目标的达成也可以使自己体验到快乐，从而增加自尊。

自律，即自己约束自己，是指个体在没有外在要求和约束的情况下，自己为了达成长远的目标，为了提升自己的修养，为了完善自身的人格，而自觉地以理性约束自我的感性，以意志战胜自我的情感，使自己的思想、感情和行为朝着理想的目标发展。自律是自爱和自尊的前提，要真正做到自爱、自尊，就必须能够并且善于选择自己的行为，能够并且善于控制自己的行为，能够并且善于约束自己的行为，选择有益于实现自我责任目标的行为，控制和约束不符合责任目标的行为，逐渐使自己成为一个有强烈的责任感和担当意识的人。

第二个维度：对下属的负责。个人必须对他人承担一定的责任。个人能够在社会中生存，是因为有他人的存在。人与人之间的这种相互依赖性，无论是在远古时期生产力低下的原始社会还是在以社会化大生产为特征的现代社会，都是人的本质特征，这一点并没有发生变化，变化的只是人与人之间依赖的形式。远古时期，人与人的依赖表现为集体劳动、抵制外族或其他动物的侵犯，现代社会人与人的依赖性表现为社会化大生产中相互的配合与协调，互联网时代与人的交往方式从线下移到了线上，现实世界人与人交互频率的降低，但并不能说明人与人之间的依赖减弱了，人们到互联网的依赖性也是人对社会、对他人依赖性的一种新型的形式。因为人必须与他人发生联系这一事实不能改变，那么人与人之间必须承担责任这一点也就不可能改变。人的生存不能不依赖他人，人的成长与发展与他人同样密不可分。正如邹韬奋先生所说："自己无论怎样进步，不能使周围的人们随着进步，这个人对社会的贡献是极其有限的，绝不以'孤独''进步'为满足，必须负担责任，使大家都进步，至少使周围的人都进步。"责任心是一种担当、一种约束、一种动力，也是一种魅力。一个有高度责任心的领导在下属心目中具备无限高尚的人格魅力。

领导对下属负责最集中的表现是角色责任，领导对下属的责任是由于领导者扮演的领导角色所赋予他所应当承担的职责和任务。领导对下属的责任最基本的要求是：关心下属，爱护下属，培养下属。社会中的每一个体，都应相互同情、相互关心、相互爱护，这是人与人之间的伦理关爱。对于担当领导责任的领导者来说，对于组织中的成员的关心、爱护就不仅仅是一种道德要求，关心下属、爱护下属、培养下属是其最基本的责任。领导者所承担的事业需要得到传承，领导者的使命不是当下的任务，作为一种职责的要求远远高于眼前的任务，责任是一种使命，一种事业的要求。事业的传承离不开人的进步。领导者关心下属首先表现为要关心和促进下属的成长与进步，将自己的人生经验、学识和技术等毫无保留地传授给下属。同时，也要真诚地帮助下属改正其缺点和错误。对于身陷逆境的人，尤其是那些因受到不公正待遇而处境困难、遭遇各种挫折打击而承受痛苦的下属，领导有责任让他们减少痛苦，同时还要培养下属，让他们从苦难和挫折中汲取智慧，从挫折中锻炼意志，增强他们战胜困难的信心和勇气。关心和帮助下属，还意味着让下属尽快地成长起来，为事业培养可持续发展的责任承担者。

第三个维度：对社会和人类的未来负责。人类要持续生存和发展，离不开一代又一代的努力，也离不开一代又一代人对后代责任的承担。在社会生活中，个体承担对社会的责任是一种客观必然。对不同的人，承担社会责任的大小和层次各不相同。领导者作为社会生活中居于主导地位的人，他们对社会与人类未来的责任也更加重要和关键。领导者对社会和人类未来的责任包括以下几个方面：首先，“忠诚祖国”是对每个人的要求，对领导者而言更是他们对国家和民族负有的历史责任的首要使命。我们中华民族素有爱国主义的光荣传统。“天下兴亡，匹夫有责。”强烈的爱国主义情感是激励世代中国人民为中华民族进步、振兴而前赴后继的巨大精神力量。今天，建设现代化的社会主义强国，使中华民族奋起腾飞，走在世界民族之林的前列，则是摆在全体中国人民尤其是领导者肩上光荣而又艰巨的伟大历史责任。其次，“服务人民，奉献社会”是领导者的重要职责。领导者是组织的领导者，但更是社会价值的引领者，领导既对组织负有职责，还对社会、对人类负有职责。对一个组织的领导者而言，对自己所处的组织、下属负责较容易被接受，就如同敬爱自己的父母兄长一样，对组织和下属的义务是领导者最基本的责任。但是对社会、对人民的责任就需要一定的眼界与道德境界。其基本要求是：第一，一切要从人民的利益出发。遵循个人利益、组织利益服从集体利益、组织利益的原则，在必要的时候，为了大众的整体利益，自觉牺牲小集体和个人的利益。第二，一切向人民负责。凡是有益于人民的事情，能够减轻和解除人民疾苦的事情，就应当尽力去做；凡是有损于人民的利益，给人民带来或加重负担的事情，应当避免和反对。最后，对人类的未来负责，是个人对社会的最根本责任。领导者的境界决定着领导者的层次。具有眼界和境界的领导者不仅关注眼前，而且关注未来，不仅关注自己所处的组织，而且关注整个社会的发展，不仅关注自己的下属，也关注整个人类的发展。对人类的未来负责，要求领导者致力于促进人类的持续发展，推动人类社会的繁荣进步。

当今世界，人类面临着日益严重的生存危机：人口膨胀、粮食短缺，资源枯竭、环境污染等一系列问题威胁着人类的持续生存与发展。如何将自己的命运、自己所处的组织的命运、自己所处的国家的民族的利益与人类共同体的利益结合在一起，是每一个领导者应当关注的。科学技术的发展，一方面对人的发展和人的创造精神的发挥提出了更高要求并开辟了巨大可能性，从而使人的主体作用更加突出，另一方面也带来了对人类持续生存造成无法预测和难以控制的破坏的结果。人如何合理有效控制自己的欲望，如何将现代科学技术引导到为人类造福的道路上，人类如何实现生存与发展的可持续性，这就从哲学上提出了人的主体性和客观制约性、人的创造性和规范性的关系问题，其核心是在人与自然和人与人之间建立起合理的关系。作为领导者，应当由近及远，将人类的未来命运纳入自我承担的责任范围。

（二）领导道德责任的主要特征

领导在社会历史运动中存在，在人我关系的世界中展开，领导之本质决定了领导责任的主要特征，具体表现为：

第一，领导道德责任的先进性。领导者由于在社会生活中处于主导的地位，因而他对社会发展的趋向、面临的问题以及解决的路径有比较好的把握，同时也由于领导角色与岗位职责赋予领导更高的道德责任期待，因而领导者对道德责任的认识以及承担道德责任的能力都要高于一般社会大众。领导者在社会生活实践中发挥着表率性和示范性作用，这些都客观上决定了领导者的道德责任具有先进性的特点。

第二，领导道德责任的自觉性。道德是人类精神的自律，与领导者的政治责任、法律责任相比，领导者的道德责任带有明显的自觉性。如果说政治责任、法律责任更多地诉诸外在的强制性力量，那么道德责任履行则更多地依靠领导者的内在道德反省和道德自觉。领导者个人道德责任的自觉性在通过“慎独”得以体现。“慎独”一词，出自《中庸》：“道也者，不可须臾离也，可离非道也。是故君子戒慎乎其所不睹，恐惧乎其所不闻。

莫见乎隐，莫显乎微，故君子慎其独也。”意思是说，越是在别人不知不觉的时候，内心的真实想法容易明显地暴露出来，所以一个道德高尚的领导者，其道德自觉就表现在，在独处之时，别人看不到、听不到的时候，在没有外在的监督与约束的情况下，也特别谨慎和警惕，自觉地约束自己的行为。

第三，领导道德责任的公共性。领导者的岗位职责决定了其道德责任的公共性特点。领导者，特别是党政领导者，他们的职能是运用公共权力来实现社会公共利益，满足社会公众的利益诉求。偏离社会公共利益的行为就是对领导者职责的公共性的破坏，最终也会使领导者失去执政的合法性，失去领导的身份资格，被社会民众所淘汰。

第四，领导道德责任的政治性。党员领导干部是社会政治生活的具体组织者和实践者，他们的决策行为、执行行为和监督行为都与特定的政治价值理念、政治活动规范密切相关，应当自觉地遵循好政治组织的活动原则，围绕特定的政治目标而展开。党员领导干部的身份角色和行为方式的政治属性决定了其道德责任的政治性品格。党员领导干部的道德责任就是从道德层面上对其政治活动进行责任的分析、评价和审视。

第五，领导道德责任的契约性。在现代社会，社会分工的广泛性和社会生活实践的丰富性，决定了不可能每个社会成员都成为政治活动的组织者和管理者。因此，代议制成为一种理性化的必然选择。党员干部与人民群众之间是一种委托和代理的关系，是一种权力的让渡和契约关系。这就决定了党员领导干部道德责任具有一种先天的契约性。权力和责任是相伴而生又相伴而行，行使权力本身就意味着责任。领导道德责任具有与权利、自由的统一性。一方面，个人的自由权利是他的社会义务、社会责任的前提。如果没有自由权利，就不可能或不应当存在行为的责任，也不会产生对社会的义务和责任。另一方面，从来就不存在拒绝一定社会义务和责任的抽象的主体权利。任何社会成员，当他们在一定条件下形成直接的社会权利要求进而转化为法定权利时，总是相应地承担社会义务，使自己的行为及权利尽可能符合社会一般意志的要求。因此，马克思的结论是："没有无义务的权利，也没有无权利的义务"。一方面，领导者要履行自己的义务，如果没有一定的权利做保障是不行的；另一方面，领导者要行使自己的权利，就必须以履行义务为前提。在很多情况下，领导者行使权利的同时，也是在为被领导者、为组织尽义务；在尽义务的同时，也是在行使自己的权利。领导者的权利不是个人的特权，是为组织和下属工作，维护组织的利益的权利。行使权利，是为了更好地履行义务；履行义务，才能保证领导者享有充分的权利。

领导责任的特征在于权力与责任的对等性。美国著名未来学家阿尔温·托夫勒说："过去权力被滥用，使权力概念总带有一股臭味。尽管如此，权力本身既无所谓好，也无所谓坏。"要正确对待权力，履行好责任，领导者都是这样说的，但对于其中的道理却未必谁都真懂，尤其在行动上更未必谁都是这样去做的，因此，真正做到掌好权用好权，明白权力与责任的关系，树立正确的权力观，切实履行好责任，这是领导者所必须予以认真对待的一个重大问题。

马克思主义的权力观认为权力来自人民，领导权力的人民性表明，掌握权力更多的是一种责任。领导者通过承担职位角色获取相应的职位权力，是以承担相应的责任为前提的。如果不能认识到"权力的本质是责任"而肆意滥用权力的话，其结果就是承受因责任缺失所付出的种种代价。任何不负领导责任的权力只能成为掌权者填补私欲、满足私利的工具，实质上都是权力的蜕变。

第六，领导责任具有一定的强制性。人生责任的强制性表现为法定和非法定两种情况。法定的强制性，一般来说比较严格；不法定的强制性，相对来说只是比较严肃，但是，不管是法定的强制性还是非法定的强制性，都是强制性，只是程度不同而已。这种强制性，一是要求人们担负责任，二是追究不负责任者的过失。例如，社会中各行各业的具体责任，其表现虽然相互不同，各有各的特殊要求，但它们都是在社会分工体系中的组成部分，共同分担着整个社会的责任，每一项具体的责任都直接关系到其他方面责任的实现。越是在现代社会里，越是在分工精细的情况下，这种具体的活动就越是处在系统的制约之中。

三、领导道德责任的履行

领导是一个实实在在的过程，领导责任的履行是领导实践的基本要求，具体而言，领导应从以下方面履行好道德责任。

1. 强化角色认知，增强责任感

科威特著名作家穆尼尔·纳素说："责任心就是关心别人，关心整个社会。有了责任心，生活就有了真正的含义和灵魂。这就是考验，是对文明的至诚。它表现在对整体，对个人的关怀。这就是爱，就是主动。""俄国革命的镜子"托尔斯泰也曾说过："一个人若是没有热情，他将一事无成，而热情的基点正是责任心。""有无责任心，将决定生活、家庭、工作、学习成功和失败。这在人与人的所有关系中也无所不及。"领导者有了责任心，就能主动担当起与自己角色相匹配的责任，克服一切困难实现自身的目的。

德国古典哲学创始人康德，把责任作为道德哲学的核心，开了义务伦理学的先河。中国历来重视责任教育。尧舜禹汤文武的"卑宫室而尽力乎沟洫"，孔子的"当仁不让"，顾炎武的"天下兴亡，匹夫有责"，李大钊的"铁肩担道义"，都显示了志士仁人为实现国家理想而具有的崇高责任感。联合国教科文组织在《学会生存》的报告中明确提出，教育发展的方向之一，是使每个人承担起包括道德责任在内的一切责任；美国自20世纪90年代开始兴起的品格教育，特别注重价值观的培养。品格教育的主要代表人物里克纳在《品格教育》中，把“尊重（Respect）和责任（Responsibility）”视为价值观的核心，认为二者对个人和社会都有客观的价值。

第一，确立“权力与责任相统一”“领导就是服务”的意识。领导者在行使自己职权时，要强化服务意识。权力意味着服务，意味着有更多的机会服务人民，意味着可以有更多的权力承担服务人民的责任，有更多的为人民服务的机会。要改变工作作风，深入群众，密切联系群众，才能克服形式主义、官僚主义，更好地服务人民，担当起领导者应该担当的责任。

第二，确立权力的本质就是责任的理念。当我们拥有并使用权力时，其实是在承担责任。我们费尽心思、使用各种方法来促使“责权”的对等，权力只要一有机会，就会想方设法地摆脱责任，原因是人们对于权力天生的欲望和趋利避害的思想，人们总是期望既拥有权力而又不承担责任的。事实上，权力的本质就是责任。企图只享有权力而不承担责任者，最终权力也将远离你。无论是企业组织、政府组织还是社会组织，无论是下层、中层还是高层领导的权力，其本质都是在承担或分担“责任”。作为领导者，有了这种责任观念，就会始终把人民利益作为自己不懈的人生追求，就会有为人民服务的强烈事业心和敬业精神，就会在思想上、言论上、行动上、决策上充分表现这种责任感，就会对待任何一项工作都抱着勇于负责、乐于负责、善于负责的态度，就会把对上级负责和对下级负责统一起来，在领导活动中自觉自愿地尽职尽责。

第三，确立权力必须受到监督的观念。缺乏监督，缺乏制约，仅仅依靠领导者的自律不能保障领导责任的落实。领导干部身居要职，如果没有与之相匹配的对权力的监督与约束，领导者很可能在各种诱惑面前失去原则，很可能滥用权力，也就不能保障领导道德责任的落实。很多位高权重的领导者，在其起步之时，也是兢兢业业，恪尽职守，有着很强的责任感，但是随着权力的增大，失去了监督，也就忘记了责任。在亲情、血缘等多重利益关系的交织中，出现角色混乱，丧失了领导的责任意识，从而走上了犯罪道路。权力一旦脱离了民主监督，就可能偏离规范的运行轨道，因此，落实领导道德责任，必须树立权力监督的观念。

2. 忠于职守，培养敬业精神

事业与职业密切相关，但又有很大的差别。很多人有职业，但没有事业。衡量职业和事业的一个很重要的标准就是有没有责任感。职业是生存的需求，事业是生命的需求，事业是个人追求自我价值实现的重要途径，而不仅仅是谋生的手段。忠于职守，培养敬业精神就是在职业与事业之间建立起桥梁。早在春秋时期，孔子就提出"敬事而信"。后来《礼记·学记》更明确提出"敬业乐群"。所谓"敬事""敬业"均指的是聚精会神、全心全意地做好自己的工作。朱熹曰："敬者何？不怠慢、不放荡之谓也。"又说，"敬字工夫，乃是圣门第一义……无事时，敬在里面；有事时，敬在事上，有事无事，吾之敬未尝间断"。只有做到"敬业"，才能产生巨大的精神动力，才能达到"精益求精"的境界。

3. 克服困难，担当领导责任

新时期，领导者面临着各种各样的困难与挑战，因而，对领导者担当责任的态度和能力提出了很高的要求，领导者要勇于担当、善于担当。作为领导者，首先要树立一种信念，勇敢地去承担应该承担的责任，不回避问题与矛盾，敢于同各种困境做斗争。领导者是组织的榜样，社会的表率，领导者的态度与作为直接影响组织的成员和社会成员。领导者要勇于担当，有承担责任的意识，同时还要善于担当。善于担当就是要具备把好的目的和动机转化成好的结果，通过自己的智慧和艺术实现责任所指引的目标的能力。每个领导者所处的环境与组织不同，所处的岗位不同，所承担的责任都不尽相同，领导者在承担责任时会遇到历史的、现实的、突发的、潜在的种种矛盾和问题，只是勇于担当而不善于担当，没有解决复杂问题，没有对上对下的艺术的沟通能力，就不可能真正担当起领导者应当担当的责任。

C H A P T E R 0 5

第五章

规矩方圆：领导道德规范

不立规矩无以成方圆。领导道德规范是领导者在领导活动以及社会生活中应当遵守的道德价值观念和行为准则的总和。领导道德规范体现着组织、社会对领导者道德上的期待与要求，是领导者为人做事、行使权力的基本尺度，也是衡量和评价领导行为善恶的价值准则。政府、企业和社会组织的结构和特点不同，道德规范也有一定的差别，在领导道德建设中，建立与组织干部管理制度相配套的领导道德规范体系具有重要的意义。

一、规范、道德规范与领导道德规范

立功、立言和立德被古人认为是“三不朽”，这三者之间并不是独立的，而是相互联系的。立德是基础，无论是从政还是经商，也无论是否能够建立功业，著文留名，都与德行相关。在历史的长河里，道德价值是事业和功名善恶的最终标准，也是决定一个人流芳百世还是遗臭万年的界线。道德带有很大的主观性，但并不是主观的，规范人们道德行为的道德规范是客观存在的。对领导者而言，违背了道德规范，就会受到舆论与良知的谴责。了解领导道德规范的特点、领导道德规范的内容具有重要的价值。

（一）规范与道德规范

规范，就最一般意义上说，是指“标准”“准则”。在汉语中，“规范”是由“规”和“范”两个词组合而成的合成词。“规”和“矩”在古代都是量具，“规”用来画定圆弧；“矩”用来画定方形。“规”与“矩”相对，所以有“无规矩不成方圆”的说法。“范”本指模子，如“钱范”（制钱的模子）、铁范（制造铁具的模子），以后引申为“限制”，如人们常说的“防范”，就是在这一意义上使用的。“规”与“范”合用，通常在名词的意义上使用，指既定的、公开的，被大多数人认可的限制性要求。

规范是人类社会生活中普遍存在的现象。涉及人们活动的领域，几乎总是伴随着相应的规范。甚至可以说，行为总是与规范相联系，任何行为都要受一定规范的制约，因而就有了“行为规范”这一概念。行为规范是指人们行为活动中所应遵循的基本准则、尺度和规矩。无论是哪一种行为规范，就它被称为规范而言，一般都有这样一些特点：1）普遍性。它不是针对某一个人或某一件事，而是指同样的人或同样的事，应当受到同样的对待。2）公开性。规范是制定了，要广而告知，规范只有在被人们了解的情况下，才能被遵守，所以，规范必然是公开的，而且要进行广泛宣传，让人们了解。3）明确性。规范在表述上是明确的、简洁的和通俗易懂的。只有这样，才能有效地规范人们的行为，不致让一些人钻“空子”，也不致让一些人无所适从。4）适度性。规范的要求应当与人们的职责、身份和心理承受力相适应，不能要求过高，也不能要求太低。

道德规范是社会生活中人们关于善与恶的评价标准，是社会为了调整人们之间以及个人与社会之间的关系，要求人们在道德活动中遵循的行为准则，是在人类生存与发展过程中由于需要而产生的促进人们的善行的规定。道德规范较政治规范、法律规范等其他规范而言，具有自身的特点。

1）导向性。如果说法律规范是禁止性的规范，其表述方式是“必须”“不得”等，那么道德规范是引导人们向善的规范，具有一定的导向性，通常以“应当”的方式表述。道德规范通过倡导“应当”的方式，让人们按照社会道德要求行事，并久而久之养成道德习惯，形式社会舆论，对人们的行为进行引导。2）自律性。与法律规范相比较，法律规范以国家强制力做保障，道德规范则只能靠人们自觉遵守。如果说法律规范是他律性的规范，那么，道德规范则主要依靠自我内心信念和良心等来发挥作用，因而说，道德规范具有自律性。以良知为表现形式的“道德法庭”对人的行为发挥着非常重要的规范作用。生活中不乏受良知的激励而舍生取义的人，也不乏受良心的责备而悔不欲生的人。但这种约束力并不来自外部，而是来自主体自身的理性、意志、情感，是一种自律。3）选择性。一个社会的政治规范、法律规范都是唯一的，不可选择的。而道德规范则可能是多元的。一个社会可以有多种道德规范并存。面对道德规范，个体具有一定的主观能动性和选择性，可以在一定程度上根据自己的信仰、价值观选择自己的道德规范。认知水平、成长经历、所受教育不同的个体会有不同的世界观、人生观、价值观和道德观。由于他们看待事物的角度、立场不同，对社会要求的道德内容，他们会从自身立场出发，选择自身认同的道德规范，在进行社会道德评价时也会产生不同的结论，有时甚至会是完全相反的结论。

（二）领导道德规范的功能

领导道德规范，从广义上说，是指领导者在领导活动中必须遵循的价值标准、基本准则和行为规范，也是评价领导道德行为的标准和约束领导道德行为的纪律。这些准则，既是领导者进行职业行为选择的价值依据，也是对领导者职业行为进行善恶评价的标准。领导道德规范具有以下功能。

1. 导向和约束功能

领导道德规范为领导者行政活动中应当遵守的道德规范，对领导者的行为发挥导向和约束的作用。首先，领导道德规范作为一种道德认识，使领导者明确哪些行为符合道德要求，哪些行为不符合道德要求，从而从正面引导领导者的行为符合道德要求，从反面约束领导者不符合道德规范的行为。其次，当领导者的道德规范转化为领导者的内在良知和信念时，它可以使领导者在面临道德选择时，在做出道德与不道德的判断与行为选择时，遵从自己的道德信念和良知，遵循道德规范行事，同时不做与自己的信念和良知相违背的事。最后，领导道德规范作为一种道德评价的标准，当领导者行为符合道德规范时，获得正面评价，从而使领导行为得到强化，当领导者产生不符合道德规范的动机时，得到负面评价，领导者便会约束自己的动机，不付诸行动，也避免了不道德的后果的产生。总之，领导道德规范可以通过道德认识、道德信念和道德评价的方式对领导者的行为发挥导向和约束的作用。

2. 自我调节功能

领导道德规范可以通过外在评价和内在自省来调节领导者的行政行为，发挥缓和矛盾、化解冲突、协调关系的重要功能。在领导实践活动中，在领导上下级之间、同级之间以及领导与其他服务对象之间总会产生各种矛盾和利益冲突。调解矛盾与冲突，比起法律规范而言，道德规范具有成本低、效果好、执行简单的优势。无论是工作中，还是生活中，大量的矛盾与冲突需要通过道德规范来调节。比如，在领导过程中，上级的命令与法规政策之间，个人利益与组织的或人民的公共利益之间常会发生不同程度的冲突和矛盾。这些矛盾的化解不能纯粹依靠法律法规，一方面由于法律法规不可以穷尽一切领域，总会留有空隙，另一方面依靠法律法规解决矛盾和冲突的成本较高，而依靠领导道德规范来调节和解决组织内部以及组织与服务对象之间的一些矛盾与冲突，具有成本低、效果好的特点。领导道德规范不是外在的强制性约束，而是一种内在的自我调节，是一种自觉自愿的调节，因而往往产生积极而持久的效果。

3. 示范与激励功能

领导者，在社会生活和组织生活中处于领导地位，他们是社会生活和职业生活的领导者，承担着组织、协调、控制、管理、服务等职能。领导者的职业特性和所处的地位使其道德影响力，远远大于普通人，领导者层级和地位越高，其道德影响力就越大。领导者的道德影响力遍及各行各业乃至全社会。领导者的所作所为，如果不符合社会的道德规范，就会对社会道德产生潜移默化的作用，久而久之就会破坏社会道德风尚。相反，如果领导者对于社会倡导的道德规范，都能身体力行，以身作则，就能产生表率作用，带动社会改善民风，提高整体道德水平。同时，领导者通过评价、教育和榜样示范的方式，使被领导者看到自身在道德修养上的进步和差距，从而激励和鞭策自身努力提高行政道德修养，不断培养和完善道德人格。

4. 选拔与任用功能

历朝历代，官德就是选拔任用领导的主要标准之一。《左传》对为官之道做了这样的排序："太上有立德，其次有立功，其次有立言，虽久不废，此之谓不朽。"把官德修养列在建功创业、著书立说之前。汉代提出以德选人；唐代实行"四善二十七最"，首重"德义"；明代开国君主朱元璋认为"礼乐者治平之膏粱"，在察举贤才时，"以德行为本，而文艺次之"。在他看来，选拔国家栋梁，必须以德行为先，文艺才学次之。康熙也指出："论才则必以德为本，故德胜才谓之君子，才胜德谓之小人。"才必须建立在德的基础上，一个人德大于才是君子，而才大于德就是小人。他还强调说："朕观人必先心术，次才学。心术不善，纵有才学何用？"在他看来，一个人如果心术不善，不正，才学就没有用，反而有负作用。古代创设的德能勤绩选任制度一直沿用至今。今天，我们在选拔领导者时一直遵循德才兼备、以德为先的标准。

（三）领导道德规范的作用

领导道德规范不仅可以激励和提高领导者的道德素质，还可以引导被领导者对领导的期望，从而从被领导者的角度对领导者的道德素质起到监督的作用。此外，领导道德规范不仅是对领导者的约束，还可以为被领导者树立榜样，起到提升被领导者、社会公众道德的作用，领导道德规范的作用表现为：

1. 确立组织价值，描绘组织愿景

一个组织必有其追求的理想与价值，必有其未来发展的方向和蓝图。价值与愿景是组织的目标，但却是以领导者的价值追求与道德规范而展现的。愿景体现的是领导者与组织成员价值追求上的共识。领导道德规范是组织共同价值观的一部分，是领导者和组织成员为实现组织愿景而对领导者提出的道德约定。领导者在领导活动中，在涉及组织管理、领导与被领导者关系等一系列重要的活动中，有了道德的约定与规范，领导者就不会随着个性、情感喜好随意地变更组织目标，也不会做与组织愿景相违背的事，从而也就能最大限度地得到组织成员的认可，从而激励被领导者追随领导者，极大地激发被领导者的工作热情和创造力。

2. 加强上下沟通，形成共同价值

美国政治社会学家詹姆斯·麦格雷戈·伯恩斯在他的经典著作《领袖论》中认为，变革型领导是领导者与成员相互提升道德的过程。领导者在与下属沟通时应当善于表述、传达组织的价值观，使组织成员及时了解领导者和组织的信念与价值，并在互动中认同和接纳组织的信念和价值。领导道德规范就是一种价值体现，组织制定和传播领导道德规范，本身就是一种价值传播。领导道德规范是一种上下沟通的形式，领导道德规范通过对领导者自身的规范与约束，就是一个很好的示范，是一种与群众达成共同价值的契约。领导道德规范中那些进取性的道德与职业要求，也是通过约束激励自己的方式向下属进行一种道德素养与追求的示范，同时，通过道德规范这种契约，领导者与下属或群众之间会相互信任，增进感情，从而促进双方工作效率的提高。

3. 塑造领导魅力，提升组织文化

领导道德规范中的忠诚、公正、廉洁、服务等，作为领导品德的一部分，对于塑造领导魅力具有直接的作用。领导者按照道德规范以身作则，树立正气，就可以在组织中形成健康积极的组织文化。领导者的道德不是独善其身，他们的道德规范必然会对组织文化产生影响。老一辈无产阶级革命家毛泽东、周恩来等对自己的要求都非常严格，无一不是道德的楷模，当代的焦裕禄、孔繁森等也都是新时期践行领导道德规范的典范。领导者需要正人先正己，严格执行组织纪律和道德规范，不仅严格遵守底线道德规范，而且不遗余力地践行社会倡导的高尚的道德规范。这些领导者之所以优秀，之所以得到群众的认可和赞扬，就是由于他们践行道德规范，具有高尚的道德品质，为组织和社会树立了正气与典范，推动了纯良的组织文化与清正的社会风气的形成。

二、领导道德规范的构建

官与民相比，领导者与被领导者相比，其最主要的区别在于领导者掌握权力。领导道德突出地表现在用权上。权力必须受到约束，除了法律规范的约束与内外监督之外，道德规范的约束也是促使领导者慎用权力的重要途径。为此，古今中外都非常重视领导道德规范的建构以及对领导者的道德约束。

（一）领导道德规范的依据

领导道德规范的主体是具有领导职务的人，道德规范涵盖领导者个人工作和生活的所有方面，同时，由于领导者是担任一定领导职务、掌握着特定权力或支配着特定资源的人，其道德规范比普通人的道德规范更严格。人们常说，好人不一定是好官，但好官必须是好人。领导者不仅要成为政治道德、职业道德的楷模，还要自觉成为社会道德方面的表率。构建和确立社会主义市场经济条件下领导道德规范，应以社会主义社会特定的政治、法律和现实为依据，同时，应与领导者的职业的特点相符合。为此，确立领导道德规范，应有以下几个依据。

1. 政治依据

领导道德规范与其他道德规范的一个重要区别就在于它具有强烈的政治性。特别是在中国，党管干部是中国干部管理制度的一个重要特点，领导道德规范并不能脱离政治要求。坚定正确的政治信仰、高度的政治敏锐性和鉴别力应当既是对领导者的政治要求，也是最核心的道德要求。领导道德规范的构建，要适应我国基本经济、政治制度和社会主义的本质要求，以社会主义道德的核心、原则和基本要求为指导。领导干部的政治规范和道德规范是统一和不可分割的，领导政治规范与道德规范相互支持，相互作用。政治上的坚定正确和道德上的高尚纯洁构成了领导干部的总体形象，一方面，领导者首先必须保持政治上的坚定性，认真贯彻执行上级制定的路线方针政策，增强政治鉴别力；另一方面，领导者的政治上的坚定性，并不单纯是政治问题，其中也包含道德的因素。一个没有道德人格的人不可能政治上坚定。对上级制定的路线方针政策，表面上拥护，内心里抵触，就不可能强有力地执行和落实党的路线、方针和政策。同样，领导者政治修养也不能代替道德修养，政治上坚定也不一定道德高尚。领导者的道德不是简单的生活小节，其中也包含着政治的要求。总之，领导道德规范首先是政治规范，道德规范与政治规范有着内在的联系，一些政治规范本身就是领导道德规范的重要内容，道德规范的构建离不开政治要求。

2. 法律依据

道德与法律，作为行为规范体系中最为主要的两种规范，虽然它们在发挥作用的方式、途径、范围以及作用程度、效果等方面各具特点，但二者在内容要求上基本一致，是相互补充、相互支持的关系。领导道德规范建构应与相关的法律法规相一致，而不能相冲突。具体地说，领导道德规范确立的法律依据是在《中华人民共和国宪法》这一国家根本大法之下的一系列法律、法规以及有关领导干部纪律的一系列规定、条例等。到目前为止，我国已经颁布了《中华人民共和国公务员法》《中华人民共和国行政诉讼法》《中华人民共和国行政复议法实施条例》等，特别是领导干部管理的一系列法律、法规、条例，如《中国共产党党员领导干部廉洁从政若干准则》《行政机关公务员处分条例》《中国共产党章程》《党政领导干部选拔任用工作条例》《公务员职务任免与职务升降规定（试行）》，2014 年通过的中央政治局关于改进工作作风、密切联系群众的“八项规定”等；还有一些专门领域的法律法规，如司法系统干部《中华人民共和国检察官职业道德基本准则（试行）》《中华人民共和国法官职业道德基本准则》，最高人民法院《关于对配偶子女从事律师职业的法院领导干部和审判执行岗位法官实行任职回避的规定（试行）》等。在这些法律、条例中明确规定了领导者在领导活动中的身份、权利、职责、义务，同时也规定了对领导行为的监督管理，这些法律法规共同构成了我们确立领导道德规范的重要依据。

3. 现实依据

确立领导道德规范要从社会主义初级阶段社会道德的实际状况出发。现阶段人们思想道德的实际状况是多种性质道德现象并存。在现实社会中，社会主义思想道德处于主导地位，与此同时，封建主义思想道德和资本主义思想道德还在一定程度上影响着人们的思想和行为。我们在构建新时期的领导道德规范体系时，要遵循道德建设的先进性与普遍性相结合的原则，针对不同层次领导者的道德实际，提出不同的道德要求，制定出分层次的道德规范体系。由于领导道德的示范性和导向性特点，构建领导道德规范就应当充分体现先进性要求。同时，要针对目前领导干部队伍的道德现状和存在的问题，制定适当、适度的道德规范。这样，才能如实反映领导者道德的现实特点，发挥领导者道德在整个社会中的榜样示范作用和约束规范作用。

4. 职业依据

每一行业都有其行业的特殊性，各行各业的道德规范的确立都必须考虑其行业的特殊性，确立领导道德规范，必须对领导这一职业的特殊性质有一个明确的认识。领导干部是公务员中居于领导职位、具有领导职务、发挥领导职能的人，他们在职业特征上与企业和其他社会组织的领导者有着区别，其职业特征应归属于公务员这一群体。因而领导道德的职业依据应从公务员的职业特征中寻找。基于这一特点，“忠诚于党和国家”就是领导道德的最基本要求；领导干部代表国家执行公务，是公众利益的代表者和维护者，是社会群体意志的体现者和执行者，这就决定了其必须向国家、向人民负责。“服务人民”的道德规范就是由领导干部这一职业特点所决定的；领导干部依法行使权力，执行公务，一方面社会要求他们必须按国家法律和政策依法行政，必须为社会公众服务，不能以权谋私。另一方面法律又赋予领导干部一定的自由裁量权。这就要求领导干部将外在的法律法规内化为内心的“法”，即使在没有具体的法律法规的情况下，也能够做出负责任的行为，即使是没有外在监督的情况下也能够按照法律的要求行事。因此，“依法行政”就成为领导道德的重要规范。

（二）领导道德规范的来源

道德是一个不断变化与演进的过程，道德规范也不可能离开人类文明的大道而自发产生。制定领导道德规范需借鉴中国传统文化中的优秀道德传统，以马列伦理思想为指导，分析并吸收国外领导道德建设的有益成果，形成具有中国特色与时代特点的领导道德规范体系。

1. 中国传统从政道德规范

我国是一个德治传统深厚的国家，从业有道德，我国历史上对官德要求比其他任何职业都高。官德，是官员的政治操守和职业道德，是基本的从政德行，做人要以德为本，当官要以德为基，我国历史上产生了十分丰富的官德思想。我国优秀的传统官德文化是建构领导道德规范的重要来源之一。中国自古就有“为政以德”的传统，数千年的历史文化中有很多优秀的可以为当代领导道德规范体系所吸收的领导道德文化。如“公正”规范。我国自古就视公正为为官的基本道德规范。历代思想家、政治家和德高望重的名臣讨论道德之内涵，首先都强调居官者必须具备“公正无私”之德。老子说：“以正治国，以奇用兵，以无事取天下。”《荀子》说：“公生明，偏生暗。”《淮南子》说：“公正无私，一言而万民齐。”意为居官从政者有公正无私之德，说一句话也能使万民听从，团结一致。明清之际的学者朱舜水在《伯养说》中说：“公则生明，廉则生威。”说明为政必须用心公，持身廉。公以服人，公以治国，已成公论；如果不公，就如《管子·七法》所云：“言是而不能立，言非而不能废，有功而不能赏，有罪而不能诛，若是而能治民者，未之有也。”孔子在《论语》中曾说：“政者，正也；子帅以正，孰敢不正？”并有非常具体的要求，公正表现在用人上，就是所谓“内举不避亲，外举不避仇”，公正体现于交往中，就是所谓“富贵不能淫，贫贱不能移，威武不能屈”。公正还应该没有私心，正如管子说“天公平而无私，故美恶莫不覆；地公平而无私，故大小莫不载”。再如，传统从政道德中的“爱民”规范。自先秦以来，亲民仁政成为世代相承的最重要的官德规范。孔子提出了“恭、宽、信、敏、惠”的道德要求，事实上都是对当政为官者的“爱民”要求。孟子明确提出了“仁政说”和“民本思想”，主张“民为贵，社稷次之，君为轻”。此外，还有传统为政道德中特别强调“谨慎”规范，要求领导者要谨言慎行，居安思危，见微知著，注意自己的一言一行，不论有无他人，无论事情大小，都谨慎从事。明代张居正说“惧则思，思则通微；惧则慎，慎则不败”讲的就是慎言慎行。

还有“廉洁公正”规范。《皋陶谟》云：“无教逸欲有邦。”意思是说，不使人们贪图安逸，滋长私欲，国家就会长存。《荀子·儒效》也讲：“志忍私然后能公。”意思是说，在意志上能够抑制私欲然后才能为公。北宋张载《正蒙·有德篇》云：“荣利非乐，忘荣利为乐。”意思是说，名利并不是可高兴的事，只有头脑中没有名利才值得高兴。以上道德规范的内容，是不同朝代居官从政者都要遵守的职业道德，也是不同朝代官员运用权力、执行公务过程中都要遵守的行为准则。这些都是可以经过现代转化成为当代领导道德规范的内容。

2. 西方文化中的官员道德

西方文化中的文官道德以及现代西方政治伦理学、管理伦理学、领导道德理论都可以成为我们领导道德建设的另一重要来源。西方国家在对文官的管理和行政行为的监督上有一套较为科学而严格的奖惩办法和管理条规，可以有效地促使领导者忠于政府，尽职尽责。各国文官制度几乎都规定公务员要维护政府声誉，忠实于国家利益，不得从事有损于政府声誉和国家利益的任何行为。公务员的一切言行必须向国民负责，不得丧失其官职信用和公务员信誉，严禁徇私舞弊，利用职权谋取私利等。一些国家的公务员制度中，对公务员衣着打扮、言谈举止都有十分详细的规定，而且非常重视公务员的道德人格，一个人的名声好坏，是否有道德劣迹，是否酗酒等都作为公务员录用和继续任用的重要条件。西方对文官的行政活动更是置于社会公众的监督之下，并有严格的法律监督其权力的有效执行。这些对我们的领导道德规范的建构具有参考意义和借鉴价值。此外，西方政治伦理中也涉及领导道德问题。西方古典政治伦理观建立在德行论的基础上，可以说是一种德行政治学，它有三个基本命题：以德而治、因德成制、为德而治。西方政治哲学先河的柏拉图，在《理想国》中也表达了对德行在政治中作用高度重视的思想。作为苏格拉底的学生，柏拉图坚定地相信，美德即知识。这使他深怀着一种道德政治哲学的信念——对一切个人和国家来说，都可能有某种客观存在的美好生活。

3. 现实社会的要求

建构领导道德规范还需要反映社会主义市场经济条件下，社会现实对领导道德提出的道德要求。目前，领导的道德状况具有以下特点：一是在社会主义市场经济阶段，一些领导利用体制转轨时期的漏洞进行权力寻租，贪污腐败、索贿受贿成为一大严重的社会公害，因此廉政建设应是领导道德的重要内容；二是行政管理方式由管制型向服务型政府转变的过程中，领导服务意识还没有确立，领导者在领导活动中态度粗暴、简单，沟通协调意识差，服务人民的民主意识成为道德规范建设中必须加强的方面。三是在经济发展取得重要成效的今天，一些领导滋生享乐主义，生活堕落腐化，因此，勤劳节俭在今天的领导道德规范中也具有重要的价值。

（三）领导道德规范的层次

从纵向层次看，领导道德规范体系主要包括道德原则、道德规范两个层次。其中，基本原则是干部道德规范体系的总纲和精髓，决定着道德规范体系的性质和方向。道德规范是领导道德基本原则在各方面行为准则上的具体表现，是领导干部日常工作、生活行为的基本准则，如对待工作要勤政、敬业、担当，对待权力要廉洁、守法、公正等，对待同事要诚实、宽容、团结等。基本原则是普遍的道德规范，基本规范是具体的道德原则，二者结合构成一个整体的道德规范体系。

从规范所包含的内容来看，由于领导道德规范涉及领导行为的各个方面，行政活动极其广泛，职能、职位众多、要求不一，因而有着多方面的要求。领导道德规范的层次性还体现在每一规范本身也有着高低不同的层次性要求。一个人由于受生物和环境（如自然、社会等）因素的影响，他们的品德、知识、体质、能力、心理品质等是有差异的，即具有一定的层次性，每一个人能达到的道德境界差别也很大，因而道德规范的要求也应当具有层次性。

中国传统道德规范建设的一个很重要的经验就是注重道德规范的层次性。例如：孔子道德规范之总括词“仁”。“仁”的基本含义是爱人，所谓“仁者爱人”。爱人有层次，“孝悌也者，其为仁之本与！”（《论语·学而》）

“仁”的低层次是敬爱双亲，中间层次是敬爱兄弟，最高层次则是“泛爱众而亲仁”，敬爱社会大众。如何“爱人”？这就是“忠恕”之道。尽己之谓“忠”，推己之谓“恕”。忠恕的基础层次（即低层次）为“己所不欲，勿施于人”（《论语·颜渊》）。高层次则为“己欲立而立人，己欲达而达人”（《论语·雍也》）。孟子的“义”也是分层次的，基本含义是“行而宜之谓之义”（韩愈《原道》）。“义”的低层次是“见利思义”；“见义勇为”

为中间层次；高层次则为“舍生取义”。又如“孝”，孝的基本含义是养、顺、敬。曾子曰：“大孝尊亲，其次弗辱，其下能养”（《礼记·祭仪》）。这里低层次为能养、中间层次为不辱、高层次为敬亲。荀子把“忠”分成三个层次。“以德复君而化之，大忠也；以德调君而辅之，次忠也；以是谏非而怒之，下忠也”（《荀子·臣道》）。依荀子之意，用道德约束君主有三个高低不同的层次即以德复君、以德辅君、以是谏非。

美国法学家富勒在其名著《法律的道德性》中，将道德分“向往道德”和“义务道德”，他认为“向往的道德”是一种道德理想，与法律要求的距离较远，而“义务道德”与法律要求的距离较近，义务道德所谴责的行为一般说的就是法律所禁止或当禁止的行为。向往的道德指充分实现幸福生活和人的力量的道德，义务的道德指社会生活的基本要求。法和义务的道德十分相似，而和“向往的道德”没有直接联系；法无法迫使一个人达到他力所不及的优良程度。美国学者罗尔在《公共服务、伦理以及宪政实践》将行政领导的伦理选择分为三个层次：高尚层次、中间层次和低级层次。高尚层次的选择根据宪法精神和内心对崇高职业道德标准进行选择，中间层次听从于组织任务和目标的需求进行选择，而低级层次则既不听从宪法精神和内心良知的指引，也不追随组织的任务与目标，而是不加反思地无原则地听从直接主管的命令进行选择。借鉴中国古代和西方道德建设的经验，领导道德规范建设应注重层次性，具体地说，可以把领导道德分为以下几个层次。

第一，价值理念层次。价值理念层次的道德规范是基于职业理想的道德要求。这一层次的道德规范，具有理想性和激励性的特点，表达的是公务员这一职业的职业精神。乔治·弗雷德里克森在《公共行政的精神》一书中指出：“在美国，我们把公共服务中的基本道德责任界定为乐善好施的爱国主义：一种对美国人民的无限的爱”；“我们必须真诚地关爱公民并与公民一道工作；我们必须关爱和相信我们的宪法和法律；我们既要对良好的管理充满激情，也要对正义充满激情。”在我国，不论以何种形式存在，包含何种内容的领导道德规范，都是以“为人民服务”的道德原则为宗旨和根据的。历史上的官吏道德，虽然也有许多廉政、勤政、爱民、保民的规范，现代资本主义国家公务员规范相当完备，但本质上都是以维护少数统治阶级和剥削阶级的统治为目的的。而社会主义领导道德规范的出发点和归宿都是以“为人民服务”的理念，都具有维护人民利益、以人民利益为重的道德价值。

第二，道德义务层次。道德义务层次的规范，基于领导职业责任层面的道德要求，其特点是责任性和主动性，表达的是领导者基于对职业精神领会的情况下主动承担责任的要求，通常以“应当”的方式表达，以道德规范的形式实施。义务层次的道德规范是介于法律规范与理念价值规范之间的中间层次，较理念价值层面的规范而言，较为具体，具有一定的可操作性。与法律层面的道德规范相比，多为倡导性的、选择性的规范，没有外力的强制约束，多依靠个体自我修养和约束而实现其功能。如各国公务员职业道德规范中都要求公务员恪尽职守，包括认真执行职务、勤政务实、团结协作，在法律限度内和职权范围内开拓创新等。

第三，道德法规层次。道德法规层次的领导道德是最基本的底线要求，如果不能遵守这些规范，则要受到相应的法规处罚。这一层次规范的特点是义务性和强制性，表达的是领导干部最基本的义务和要求，通常应以“禁止”的方式表达，以立法的形式实施。这一层次的要求应当是具体而可操作的。在国外，这一层次的要求通常通过法律的形式和道德行为准则的形式颁布。例如，美国 1991 年制定和颁布的《美国行政部门雇员道德行为准则》（1992 年又对其进行了修改），在礼品、利益冲突、职权行使、兼职、职外活动等多方面做出了详细规定，集中体现了从政的道德要求和行为规范，操作性和针对性都很强。

从伦理学意义上来说，成文的、制度化的、通过法律和行政手段强制执行的规范是底线伦理规定，是人们为了避免受到制裁和惩罚而不得不遵从的规范，是最低限度的伦理要求；不成文的、非制度化的、没有严格的明确的惩罚措施的规范是义务层次的道德规范，属于非底线伦理规定，是人在没有外力强制的情况下自觉自愿遵从的规范，是较高层次的伦理规定。底线伦理规定既可通过领导干部自律来实现，也可以通过社会强制措施（他律）来实现，非底线伦理规定最终要通过领导者的自律才能实现。价值理念层面的规范则具有一定的导向性，主要反映的是公共行政的精神理念，是对领导干部价值理念的一种规范和引导，是一种精神激励，通常不具备可操作性。

三、领导道德规范的内容

领导道德规范，是领导干部在行使行政权力、管理社会公共事务过程中必须遵守的规范。目前领导道德规范体系，应包含以下三个层次的内容。

（一）领导道德理念

领导道德理念也是政府的核心价值理念，指领导者在理想、宗旨、信仰、世界观指导下所形成的价值理念。领导道德理念决定其对客观世界的认知及精神风貌、思想行为，并进而影响政府行为的有效性。领导道德规范的制定和建设都应当以政府的核心价值理念的实现为宗旨。领导道德理念应包含以下几个方面。

1. 公共性的理念

公共行政的本质是“公共性”，行政权力是来源于人民的授权的公共权力，人民可以通过民主来制约公共权力。政府行为必须具有公益性，必须以维护社会公平，并确保公共利益得以实现。作为这一组织的从业人员，领导首先应当确立公共性的理念。应以维护公共利益为价值取向和道德规范，明确自己作为公职人员的职业意识。“公共性的道德理念，是确立公务员一切其他道德规范的基础，也是评价和衡量公务员道德意识和行为的基本标尺。”①

古罗马著名政治家西塞罗就强调，相对于普通公民，政府官员应达到更高的思想境界。在西塞罗看来，“任公职”意味着“做公仆”，为官之德的精髓在于全心全意为共和国服务。现代一些研究领导力的学者提出了“仆人型领导”，其含义都一样，都是表明领导者没有个人的私利，应当为公共利益献身。领导者要得到被领导者拥护，必须确立时刻提醒自己权力的“公共性”，由此可见，领导者需要把握两点：一是关切“民众的福祉”，二是着眼“国家的整体利益”，公正行事，不可偏袒一部分人的利益而不顾或破坏其他群体和个人的利益。

2. 公平正义理念

公平正义是社会和谐的基本条件，也是领导道德的重要价值追求。公平的朴素含义是不偏不倚办事公道，正义则意味着惩恶扬善、道义分明。公平正义的实质是期望各种权利和义务在社会成员之间合理分配，每个人都能得到其所应得的权利，每个人都承担其所应承担的义务。公平正义作为道德理念，在社会发展过程中，应贯串于各项制度与规则中，公正公平既是社会发展的保障，也是社会发展的目的。对于承载社会发展领导责任的领导者来讲，是否从根本上、内心信仰上确立公平正义的理念，决定了其能否在现实中坚守公平正义的道德规范。

---

① 王浦劬：《树立公务员职业道德理念》，《中国公务员》，2002 年第 4 期。

不同社会条件下，公平正义的实际内容及其实现方式和手段具有重要差异，人类社会不存在普适于一切国度、完全相同一致的公平正义的标准。社会主义公平正义理念，体现了人类文明、理性与中国国情的高度统一，体现了个体特殊利益与社会整体利益的高度统一，体现了社会价值追求过程中理想与现实的高度统一。领导者的公正理念，主要表现为按照社会公正的价值和程序创设制度、规则和政策，同时在各项领导活动中严格执行体现社会正义和公平的制度性规定。当前我国经济社会发展进入矛盾凸显期，必须更加注重社会公平。领导者要树立社会公平的价值观，要通过政策调控、资源配置等手段，规范分配秩序，促进社会公平正义。

3. 公共服务理念

政府职能的范围取决于不同阶段的社会公共需求，从社会发展的进程来看，公共需求始终处于不断变动中，因而政府职能的内涵与外延亦具有相应的阶段性与变动性。现代社会的发展使政府公共服务职能突显，公务服务理念的确立也就成为必然。提供公共服务是公务员职业活动的基本内容。公务员本质上应该是公共服务员，公共服务应成为公务员职业道德的主导理念。公务员要按照建设服务型政府的要求，树立公共服务价值观，创新公共服务体制和政策体系，承诺服务内容和标准，改进服务方式和方法，努力提高公共服务水平。公共服务理念体现了领导者人民群众观，体现了领导者为人民服务的价值观，体现了领导就是服务的权力观。

4. 公共责任理念

现代政府是责任政府。领导者在行使公共权力的同时，必须相应地承担公共责任，这些责任包括：政治责任、道德责任、行政责任和法律责任。在日常的政府管理活动中，领导者的责任是由领导者所处的岗位职责所规定，表现在两个层次上：一是根据公共利益形成公共责任要求，表现为公务员在日常生活中的公共责任行为；二是根据其岗位形成的岗位责任要求。公务员行使公共权力，就要树立公共责任价值观，克服行政工作中存在的急功近利、短期行为、劳民伤财和“一人的政绩，几届的包袱”等不负责任现象；要树立对国家、人民和所在组织高度负责的精神，坚持职、责、权统一，担当起公共责任。

5. 公共效率理念

“效率”原本是经济学的概念，其内涵是指投入与产出之比，即经济成本与利润之比。经济管理学沿用了这一概念，把管理的效率界定为企业管理成本与企业效益之间的函数值。追求高绩效，是人们进行各种活动的动力。所谓领导绩效，是领导者实施领导活动的行为能力、工作状态和结果的总和，即领导者进行领导活动的效率、效果、能力、成绩、业绩的统称。领导工作是一种特殊的复杂的社会活动，它涉及方方面面的因素，受多种多样条件的制约。由此决定了领导绩效是一个高度综合性的复杂体系。它既是领导者履行职能、完成领导任务的活动过程，又是领导者领导能力和水平在领导活动中集中表现的结晶；既是领导者实施领导、实现组织目标的质量、数量指标的体现，又是领导者实施领导所产生的客观价值——对组织、对社会贡献的实际体现。对于领导者来说，是否能带领团队取得好的绩效是衡量领导素质和能力的主要标准，特别是对于从事公共管理的领导者来说，提升公共效率不仅是一种工作目标，而且也当成为一个道德标准。

社会发展和行政改革，不仅会在制度层面上创设高效率政府的机制，而且必然在领导道德规范中形成效率的要求。在政府管理的视域中，社会公共效益不仅包括政府部门行政管理效率、政府所提供的公共产品的质和量，还包括政府公共政策的社会效应以及社会公共秩序水平等。对领导者来讲，树立公共效率理念就是要提高公共服务的能力和水平，在公共政策中体现公平公正原则，把长远利益和眼前利益结合起来，尽可能地满足公众的公共服务需求。

（二）领导道德义务

2016年，中组部、人力资源与社会保障部与国家公务员局共同发布了《关于推进公务员职业道德建设工程的意见》，其中，将我国公务员职业道德义务的主要内容规定为：坚定信念、忠于祖国、服务人民、恪尽职守、依法办事、清正廉洁。这六项公务员职业道德规范，也适合于有领导职务的公务员，因而也构成领导道德义务层面的基本规范。

1. 坚定信念

理想信念是人们对美好前景的向往和对事业的执着追求，是人生的“总开关”，支配着人的一切行为活动，信念决定追求，追求体现信念。在战争年代里，英勇的中国共产党人在敌人的屠刀面前，在枪林弹雨之中，在恶劣环境之下，用实际行动践行党的崇高事业，坚信曙光一定会显现，胜利一定属于伟大的党，因而得到最广大人民群众的拥护与支持。改革开放以来，随着市场经济的不断发展，价值领域出现了多种价值观并存的局面。一些领导干部的理想信念发生了动摇。一些领导干部对马克思主义还灵不灵，共产主义还要不要，社会主义还通不通，党的领导还行不行存在疑问，理想信念根基不牢，导致谋事成事的精气神不振，干事创业的劲头松懈。有的领导“身在曹营心在汉”，家属、钱财转移到国外，随时准备“跳船”。这些现象的出现，说到底是信仰信念出了问题，迷失了方向。理想信念是精神上的“钙”，“钙”足了，才能看得远、看得清，不为任何风险所惧，不为任何利益所诱，真正做到把责任记在心上、扛在肩上、抓在手上，更好地为党担责、为人民负责、为事业尽责。

2. 忠于祖国

从道德角度看，爱国是对每一位公民最起码的道德要求。对领导者而言也一样，而且有着更高的更具体的要求。领导者忠于祖国就是忠于祖国的国家利益，忠于国家的稳定团结。具体到目前，就是要忠于中国特色社会主义事业，坚决拥护中国共产党的领导。社会主义事业和党的领导是中国革命实践的选择，这条道路救中国人民于水火之中，带领中国人民走向繁荣；必须忠于国家利益，维护党和政府形象、权威；必须忠于国家宪法，模范遵守法律法规，按照法定的权限、程序和方式执行公务，公正执法、文明执法，维护法律尊严。

3. 服务人民

服务人民是对领导道德规范的核心内容。尽管在不同时代、不同组织中服务人民有着不同的内涵与要求，但是“领导就是服务”，领导的本质是提供服务，而不是享用权力。中国共产党之所以能为广大人民群众所接纳，成为领导中国革命事业的核心力量，其根本的经验也在于把握了领导的本质。新时期，领导干部必须继续遵循服务人民的道德规范，坚持群众观点，一切为了人民，一切向人民负责，永做人民公仆；增强对人民群众的道德感情，真正设身处地地为人民群众提供优质的公共服务；应当深入调查研究，问政于民、问需于民、问计于民，积极回应人民群众要求；必须提高为人民服务的本领，促进科学发展和社会和谐。

4. 恪尽职守

恪尽职守是领导者的基本义务。领导者要有强烈的事业心和责任感。每个人都有自己的价值观和信仰，领导者与普通人不同之处在于领导者要把个人价值与被领导者的价值需求统一起来，圣人无常心，以百姓心为心。如果把个人的价值独立于群众的价值之外，将自己的价值强加于被领导者，那么领导者就不可能有领导力，群众也不可能拥护和追随这样的领导。领导者应将所从事的工作看作一项实现自身价值的事业，忠实履行职责。

5. 依法办事

徒法不足以自行。法治的根本在于法律能得到公平有效的执行。党的十八届四中全会明确提出，领导者要带头遵守法律，依法办事，提高法治思维和依法办事的能力。领导者要自觉维护宪法权威，坚持严格依法执政，要心怀敬畏法律之心。敬畏法律，遵守法律，按法律规范严格要求自己，将对法律的敬畏转化为内心的自我约束，自警、自律不仅是一种自觉的内心约束，是一种做人行事的操守，也是一种为官从政的品行。将依法行政作为一项道德要求，正是体现自觉遵守法律的精神境界。

6. 清正廉洁

清正廉洁是领导道德规范的基本要求。领导者必须正气在身，为人正派、办事公正、为政清廉、不以权谋私，不行贿受贿。清正廉洁既是底线道德，也是最高境界。作为一种底线要求，就是要求领导者要见利思义，不贪不占，明白伸手必被抓的道理；作为修养的最高境界，就是要求领导者加强品行修养，择善而交、见贤思齐，培养健康向上的生活情趣和高尚的道德情操，不管有没有监督，有没有外在的约束，都自觉做到清正廉洁，将之化作自己的内在品德。

（三）领导道德法规

领导道德规范的底线层次是法律规范。对于领导者而言，以“应当的”形式表达的规范具有导向性和一定程度的选择性，而以法规形式表达的规范则属于禁止性规范，是以党纪和国法作为制裁手段来保证其约束力的，是领导者必须履行的义务和必须遵守的道德规范。

所谓领导道德法规，就是以立法的形式把领导干部的道德规范确定下来，以国家强制力保证它的有效实施。通过这种方式，道德以法律的形式，获得了合法性的依据和强制性的实现力量；法律融入了道德的内容，获得了以社会舆论为基础的意志和情感动力。将领导道德以法律的形式加以强调和执行，已经成为一种世界潮流，美国 1978 年颁布了《政府道德法案》，韩国 1981 年出台了《行政伦理法》，加拿大有《利益冲突法》等，都是通过法律的形式将领导者的道德规范明确下来。2006 年，《中华人民共和国公务员法》正式颁布，标志着我国公务员职业道德建设法制化进程的开始。近年来，随着反腐败的深入，领导廉洁从政方面的法律法规在不断完善。当然，领导干部道德立法有特定的内容，并不是要将领导干部所有的道德问题都以法律的形式进行约束，而是针对领导者公共权力行使中相关的道德内容。具体包括：第一，必须申报财产，将个人财产公开。第二，限制公职以外的活动。第三，不得利用公职谋取私利。第四，禁止不正当使用国家财产和政府未公开的信息，主要指公务员因执行公务而获得的、未向公众公开的、与官方有关的信息。第五，严禁在公务活动中接受礼品。第六，回避等规定。

C H A P T E R 0 6

第六章

礼义廉耻：领导廉洁自律

“不受曰廉，不污曰洁。”廉洁的基本含义是清廉和清白，不损公肥私，不受不义之财，保持清白的人品不受玷污。廉洁，最早出现在战国时期伟大诗人屈原的《楚辞·招魂》中：“朕幼清以廉洁兮，身服义尔未沫。”古往今来，廉洁从政是领导者必备的道德素质和境界，也是领导者必须遵守的法纪。廉洁是领导者的核心品德，是一个包含多方面要求的道德规范，与公忠、正义、仁爱、诚信、节制、勤俭等都有密切关系。早在春秋时期，齐国名相管仲就把“廉”奉为国家的“四维”之一，“礼义廉耻，国之四维”。[①]“维”是指结物用的大绳，“四维”即立国的四大纲要。廉洁从政要靠领导者的自律，也要靠完善的法纪，要内外兼顾，通过自律和他律的结合使领导者遵守廉洁规范，保持廉洁品德。

一、廉洁：为政之本

“廉”字的本意是“便宜”或“经济”，引申意义为不贪非分之利。“洁”的意思为纯净无污，清白干净。古人说：“廉者，政之本也，民之表也；贪者，政之祸也，民之贼也。”廉洁作为一种品德，就是要求领导者洁身自好，不损公肥私，不贪污受贿，为人正派，办事公道，做到两袖清风，一尘不染。

---

① 《管子·牧民》。

领导者廉洁规范是关于领导干部廉洁从政的各种法律、法规、制度、命令、政策、纪律的总和。领导者廉洁从政的核心要求，是不利用职权和职务之便谋求私利。这是领导者的职业性质、工作特点和社会责任所决定的。廉洁从政是领导者的立足之道，立身之本，立业之基，也是领导者领导力的重要表现。

（一）廉政：领导者的必备素质

对为官从政者来说，廉政、清廉是本、是根。清朝名臣曾国藩曾建“八本堂”，其家训中有“居官以不要钱为本”一条，要求家族子弟做官以廉为本。廉洁从政，简称廉政。《周礼》中记载，当时考核官吏有“六廉”标准：“一曰廉善，二曰廉能，三曰廉敬，四曰廉正，五曰廉法，六曰廉辨。”廉善是指善于行事，廉能指有为政的能力，廉敬是指敬业守责，廉法是指依法办事，廉正是指品德端正，廉辨是指思维清晰，明白事理。《周易》中讲：“君子以俭德辟难，不可荣以禄。”意思是君子以节俭为德而避开危难，不可追求荣华而谋取禄位。用今天的话说就是当官不能以发财为目的，想发财的话就不要当官。《礼记·曲礼上》：“临财毋苟得。”刘向说：“义士不欺心，廉士不妄取。”[①] 在古人看来，廉者是为官之本，“为政之要”[②]。“惟公则生明，惟廉则生威”。一个官员倘若不能廉，就不会有威信。明朝庄元臣在《叔苴子·内篇》中讲，“君子之为君子也，一人死而万人寿，一人痛而万人愈，一人忧而万人乐，一人劳而万人逸”，即为官从政者要把国家和民族利益摆在首位，为国家前途命运分忧，要先天下之忧而忧，后天下之乐而乐。概括地说，廉政就是与贪污受贿等道德沦丧的事情相反对

---

① 刘向：《说苑谈丛》。

② 陈录：《省心杂言》。

的清廉政治和与奢侈腐化等糜烂无道的行为相反对的高效行政。[①]

清廉是为官者必备的品质。北宋陈襄说："居官不言廉，廉盖居官者分内事。"他告诫为官者："……盍思人生贫富固有定分，越分过取，此有所得，彼必有亏。况明有三尺，一陷贪墨，终身不可洗濯。故可饥、可寒、可杀、可戮，独不可一毫妄取……一旦事露，失位辱身，追悔莫及……故为官者，当以廉为先。"[②] 宋代真德秀说："凡名士大夫者，万分廉洁，止是小善"；[③] 明代湛若水说："'在官之人有禄可仰，然后可责其为善'是以常人待之，而非正人为善之心也。"[④] 明代洪应明说："真廉无廉名，立名者正所以为贪。"[⑤] 廉洁是对官员最基本的要求。官员做到廉洁，只是"小善"。官员真正的为善是超越俸禄的交易，做出额外的功德。真正廉洁的人并不刻意追求廉名。清代汪辉祖在其《佐治药言》中对一位友人夸某君"操守可信"不以为然，指出："今有为淑女执柯，而称其不淫，可乎？"[⑥] 廉洁被作为居官者的立身之本，犹如贞洁之于女子。如果以廉与才干相比较，则廉先于才，重于才，廉洁是为政者的必备条件。

现代社会，虽然人们对于政治、为政、做官有了很多新的理解，领导理论也随着社会实践的发展而不断发展，但是廉洁作为领导者的一个品德，依然是首要的要求。领导者腐败、滥用权力较之因能力缺失而带来的不当行为而言，其后果相当于故意为恶与过失为恶的区别，故意为恶带来的不良影响远远大于过失为恶。特别是政府的领导者，是否廉洁直接关系到党和政府的形象和威望。领导者首要的就是要正确运用人民赋予的权

---

① 韩锴：《中国古代廉政建设的现代阐释》，《浙江学刊》，2006 年第 3 期。

② （北宋）陈襄：《州县提纲》卷 1，商务印书馆，1939 年版。

③ 天人：《中国传世奇书》（下册），内蒙古人民出版社，2000 年版。

④ 湛若水：《泉翁大全集》卷 78，岭南朱明书院，嘉靖十九年刊，万历二十一年修补。

⑤ 穆易：《白话菜根谭》，岳麓书社，1995 年版。

⑥ 杨敏之：《中国历代反贪全书》，湖南大学出版社，1996 年版。

力，保持清正廉洁，勤政为民。

（二）廉政：领导者的道德境界

清廉是居官者必备之德。历朝历代的统治者都把廉洁颂扬为一种高洁的品德，廉政的榜样世代被传颂。春秋时，齐国大夫晏婴在我国历史上第一个提出“廉政”概念，他说：“廉政可以长久。”好比“其行水也，美哉水乎清清，其浊无不雩途，其清无不洒除，是以长久也”。[①] 在晏婴看来，廉洁就像水一样，它要是混浊就会污染了道路，它要是清洁就会洗去污染，清洁所以长久。晏婴做相国三年，齐国政治清平，百姓安乐，但晏婴却生活清贫。齐景公划出一块土地，要封给晏子。晏子推辞不受，说：“富而不骄者，未尝闻之。贫而不恨者，婴是也。所以贫而不恨者，以苦为师也。今封，易婴之师。师已轻。封已重矣。敢辞。”在晏婴看来，贫穷在一定意义上是自己的老师，用土地换老师，封赏加重了，善德却减轻了，因此不可受赏。这不仅讲明了自己保持廉洁的理论根据，而且显示出其大彻大悟的思想境界。中国历史上唯一的女皇帝武则天御撰的《臣轨》中，专辟《廉洁》一章，文中写道：“理官莫如平，临财莫如廉。廉平之德，吏之宝也。”又说，“君子虽富贵，不以养伤身；虽贫贱，不以利毁廉”。明太祖经常告诫官员们要“无作是非，显尔祖宗，荣尔妻子，贵尔本身”，以“为民造福，立名于天地之间千万年不朽”。清康熙皇帝曾手书“清、慎、勤”御匾，以之作为文武百官的从政准则。可见历朝历代都非常重视为官者的廉洁品德。明朝理学家薛瑄将“廉洁”分为上品、中品和下品三个层次，上品：“见明理而不妄取者”是顺应明理，真正道德意义上的廉洁。中品：“尚名节而不苟取者”是有所顾虑而不取。下品：“畏法律、保禄位而不敢

① 《晏子春秋·内篇问下第四》。

取者”，是勉强而为。这不仅阐明了廉洁作为为官者品德在境界上的差异，也指明了廉洁的修养之道。

为政清廉，不是今天才提出的，而是人类历史的精华，是治国安邦的重要规矩。为政清廉，不单是我国历史上清官的美德，世界各国都把为政清廉作为政权建设的重要组成部分。现代社会，领导者应加强廉洁自律，按照有关廉洁从政的要求去做，不做有违廉洁规范之事，同时，应当加强修养，提升自己的境界，在没有外在约束的情况下依然坚守廉洁的本分。“名节如璧不可污”，清正廉洁是道德行为，也是道德情操，还是道德觉悟。领导者应当有所畏，有所止，心清如水、敬畏权力、慎用权力。要恪守老老实实做人、清清白白为官的道德信条，以一身正气、两袖清风的浩然之气，做好表率，营造清朗清明的政治生态。

（三）廉政：领导管理的重点

廉洁是为官者的本分，但是由于权力本身的易腐蚀性，致使拥有权力者极易“伤廉”，领导者要具备廉洁的品德，既需要加强自我修养，还需要加强道德管理。古今中外的治国者都会采取各种方法对领导者进行廉洁教育和管理。古代一些清醒的统治者深深懂得“水能载舟，亦能覆舟”的道理，从保持社会稳定和巩固政权的现实需要出发，坚持不懈地与腐败现象进行斗争，积累了很多这方面的经验。例如：要求高层官吏律己正身，倡导朴素节俭的社会风尚。不少王朝的统治者深知这一道理，在清正廉洁方面做出表率。此外，还重视从入口上把关，举贤任能，选拔与培养勤政为民的清官廉吏。历史上凡是开明的君主及其统治集团中的代表人物总会在不同程度上重视选拔与培养清官廉吏。同时，在惩治不廉官吏方面也有很多具体的做法。

世界各国都非常重视公务员的廉政管理，普遍的做法是颁布专门的廉政道德法，成立独立的廉政管理机构，加强廉政教育等。目前，我国处于社会主义市场经济体制的建立和完善过程中，一些政策制度往往滞后于改革进程，机制和制度的不健全、不完善，以及工作中存在的一些漏洞和薄弱环节，给腐败现象的滋生以可乘之机。一方面，发展市场经济，金钱的作用、金钱的诱惑力急剧增大；另一方面，长期计划经济形成的权力过分集中的状况还没有根本改变，很容易滋生权钱交易等腐败现象。领导者时常处于种种利益的诱惑之中，加强领导者廉洁的道德和法律管理成为重中之重。

目前我国已经出台了很多规范领导干部廉政行为的法律纪律准则。2006 年 1 月 1 日起，《中华人民共和国公务员法》正式实施。这不仅标志着我国的公务员立法已经基本成熟，而且有利于国家的廉政建设，为公务员廉政管理提供了重要法律依据。如公务员法要求按德、能、勤、绩、廉 5 个方面全面考核公务员，这 5 个方面不同程度地都与廉政有关，十分有助于加强对领导者的廉洁管理，提醒领导者廉洁自律，远离腐败。有关奖惩的规定有利于激励领导者廉洁从政。再如《中华人民共和国公务员法》规定了 11 项给予奖励的情形和 16 项给予惩戒的行为，其中很多项直接与反腐倡廉相关。针对党员领导干部，2015 年中共中央印发了新修订的《中国共产党廉洁自律准则》和《中国共产党纪律处分条例》。两项法规的颁布实施是在党长期执政和依法治国条件下，落实全面从严治党战略部署，实现依规依纪治党，切实加强党内监督的重大举措。

加强廉政教育培训也是一个重要的管理措施。2016 年 6 月 23 日，中组部、人社部、公务员局印发了《关于推进公务员职业道德建设工程的意见》（以下简称《意见》）。《意见》深入贯彻党的十八大以来中央关于干部队伍建设的新精神新要求，特别是习近平总书记提出的“好干部”标准，把解决不作为、不会为、乱作为问题作为重点，提出了“坚定信念、忠于国家、服务人民、恪尽职守、依法办事、公正廉洁”的职业道德建设内容，明确了职业道德建设的原则和工作措施，其中，“公正廉洁”作为公务员培训的重点内容，便是对廉洁政府建设需要的回应。

二、中国传统廉政道德的内容

尽管在不同的时代和不同的地域，廉政具有不同的内容与表现形式，刻上历史与时代的烙印，也不可避免有时代的和阶段的局限性，但作为中华民族优秀的传统道德，廉洁从政对于领导者修养具有非常重要的借鉴意义。

纵观中国传统廉洁文化，道德规范、格言和事例比比皆是，归纳起来主要体现在 4 个方面：一是廉洁从政，要求从政者以廉洁之德立心、立身，明确为官做人要清清白白，做事要光明磊落；二是廉洁用权，官员面对权力可能带来的利益，不滥用权力谋私利，而是见利思义，以德促廉、以廉立威；三是廉洁修身，要求官员为官唯清，恪守清廉，珍重声誉；四是廉洁齐家，官员不仅要自己廉洁，还要管理和教育好自己的家人，通过言传身教、勤俭持家，使廉洁的优良传统一代代传递下去，实现国家和家族的长久兴旺。

（一）廉洁从政

廉洁从政是对领导者最基本的要求。其基本内涵包括：“政者正也”“政在去私”和“不贪不占”三个由高到低的层面。

1. 政者正也

“政者，正也。子帅以正，孰敢不正？”（《论语·颜渊》）“政”的意思就是端正。领导者带头端正，下属谁敢不端正呢？又说：“其身正，不令而行；其身不正，虽令不从。”（《论语·子路》）为政者如果自身的行为端正，不下命令，百姓也会按他的旨意去做；如果自身行为不端正，即使三令五申，百姓也不会服从。领导要让下属廉洁先要自身廉洁。居高位者奸邪，下属官员难以正直，百姓搞歪门邪道就难以纠正。春秋时期，齐灵公喜欢内宫女扮男装，结果大家纷纷效仿，全国的妇女都穿起男服来。齐灵公下令禁止："凡女扮男装的一律撕毁衣服，扯断衣带。"可是一点用都没有。齐灵公问晏子怎么办，晏子说："您只准宫廷嫔妃女扮男装，却不准百姓这样做，就好比肉店门口高悬牛头的招牌，里面卖的是马肉。您为什么不首先禁止内宫女扮男装呢？那样，宫外的人就不敢了。"灵公听后，立刻下令禁止宫中女扮男装，果然不出一月，全国上下便没有人敢再这样做了。春秋时期，齐景公问晏子："对于一个国家来说，什么是最大的忧患？"晏子回道："最大的忧患就是社庙里的老鼠。"齐景公很不解，晏子解释道："社庙的墙壁是用许多木条联结在一起，然后抹上泥土而成的，老鼠最喜欢躲在里面，如果要消灭它们，用火熏怕烧坏木头，用水灌又怕毁坏泥墙。所以，鼠患难以消除。国家也一样，国家的鼠患就是国君亲信的那些小人，他们在朝中隐善瞒恶，蒙蔽君王；在外卖弄权势，欺压百姓。如果不杀掉这些人就会酿成祸患，但是他们是国君的宠臣和心腹，虽贻害国家，但实在难以根除！"战国时期，楚威王问莫敖子华："从先君文王到我这一辈为止，真的有不追求爵位俸禄却忧虑国家安危的大臣吗？"莫敖子华向他列举了历史上 5 种为国担忧的人，楚威王听后长叹一声道："这些都是古时候的人，现在还有这样的人吗？"莫敖子华答道："从前，楚灵王喜欢细腰女子，楚国的人便很少吃饭，以至要扶着东西才能站起来。想吃东西却总是忍着，这样饿下去有可能会死，可是人们无所畏惧。我听说，国君喜欢射箭，大臣们就学习射箭。大王您只是不喜欢贤能，否则这 5 种臣都能够招来。"

俗话说，“上为之，下效之”，正人先正己，无论为人还是为官，首在一个“正”字。为官者内心坦荡说话办事方显浩然之气，自然有人信服。不正，内心有鬼，说话办事贼头贼脑，怎能让人心服口服？为官者行为处世起示范表率作用，才能上感下化，施不言之教，使手下和百姓归于正道。领导者身体力行，率先垂范是政令畅通、社会公平和谐的基础。习近平总书记强调，领导者要身先士卒、率先垂范，要求别人做的自己先做到，要求别人不做的自己坚决不做。廉洁从政要从上头抓起，领导者把自己摆正，自身廉洁，贪污腐败就没有立足之处。

2. 政在去私

《管子·形势》：“出公理，则远者自亲；行私为，则子母相怨。”出于公心，就是疏远的人也会亲近你；徇私舞弊，即使是母子也会彼此埋怨。《韩非子·有度》：“能去私曲就公法者，则民安而国治；能去私行行公法者，则兵强而敌弱。”能去掉私心而遵守公法的，人民安定国家也就治理得好；能克服自私的行为奉公守法的，军队就会强大，使敌国削弱。张蕴古在《大宝箴》中指出：“大明无私照，至公无私亲。”日月光明，不会偏照一隅，大公无私的人，不会徇私枉法，袒护私情。

传说尧年岁已高，想找一个贤能的人来继承自己的职位。一天，他召集部落首领们共同商议，一个叫放齐的人提议：“您的儿子丹朱是个开明的人，继承您的位子很合适。”尧摇摇头，严肃道：“他性格粗野，喜欢跟人争吵，才能和品行修养都不够。”后来，尧听大家介绍了舜的事迹，又经过考察，认为舜的确是德才兼备的人。于是，他让舜担任各种公职，将许多事务交由舜处理，结果舜都处理得井井有条。通过近 20 年的考察，尧帝终于放心地将权力托付给舜。

唐代狄仁杰为人正直，担任宰相时常常劝谏皇上。武则天虽为皇帝，却也屡次委屈自己，听从狄仁杰的意见。有一次，武则天说：“你在汝南做地方官的时候，做得很好，可是当时有很多说你坏话的人，你要不要知道他们是谁？”狄仁杰回答道：“很幸运皇上知道我没有过失，背后说我不好的人我一点也不想知道。”

政在去私是指从政者要克服私心，做好公家之事。管理国家事务，就是增进和分配好公共利益。从政要以“公”心为基础，如果从个人感情和利益出发，就很难做到公平公正。尧帝不将帝位传给自己的儿子，而是传给更加贤能的舜，狄仁杰不愿知道诬告者的姓名，以公报私仇，李沆公然直谏，不怕树敌得罪人，都是属于恪尽职守、毫无私心的德行之举。

今天，政在去私要求领导干部认真正确处理好“公”与“私”的关系，凡事以“公利”为重，以集体为重，尤其在二者发生冲突时，应当先公后私，甚至公而忘私，必要的时候应当牺牲个人利益以保证国家、集体利益的实现。

3. 不贪不占

刘安《淮南子·人间训》：“仁者不以欲伤生，知者不以利害义。”讲仁德的人是不会因为满足私欲而去伤害天性，智慧的人不会因为贪图利益而伤害道义。刘昼《刘子·贪爱》：“小利，大利之蛀；贪小利，则大利必亡。”小利是大利的隐患，贪图小利必然导致大利不保。林逋《省心录》：“知足则乐，务贪必忧。”对名利和物欲，知道满足就会快乐，贪得无厌就会忧心忡忡。罗大经《鹤林玉露》：“世路无如贪欲险，几人到此误平生。”世上的道路没有比贪欲更险恶的，多少人因此而耽误一生。

春秋战国时期，鲁国的相国公仪休特别爱吃鱼，他担任相国后，亲朋好友甚至素不相识的人都买鱼送给他，可是他一概拒绝。有一次，一个学生特地买了几条大鱼登门造访，公仪休一如既往不收。学生劝道：“别人送鱼是有事相求，我送鱼只是尽师生之谊。”公仪休拒绝道：“为官贵在不贪，受礼纳贿不论多少一样污浊官场。我自己的俸禄足够买鱼吃，如果贪赃枉法丢了官职，自己就买不了鱼了。你是我的学生，应该了解我为什么要这样做。”学生持鱼而归。

孟子言：“可以取，可以无取，取伤廉。”但凡廉洁的人都耻于贪占不义之财，因此，廉洁往往专指不贪。公仪休嗜鱼如命却不贪鱼，晏子在功劳和荣誉面前谦逊退让，不夺人之功，不蔽人之能，都是有节操的廉洁之举。不贪不占要求领导者面对各种诱惑，应磨炼自身的意志力，修养自身的德行，以不贪为宝，贫穷而不收贿金，饥渴而不饮盗泉，坚持原则不越矩。如果每个领导者都有这样的德行与定力，人民就会更加信赖和拥护政府，社会也将更加安定和谐。

（二）廉洁用权

1. 见利思义

《论语·里仁》：“君子喻于义，小人喻于利。”君子看重道义，小人看重利益。诸葛亮《便宜十六策·思虑》：“欲思其利，必虑其害。”想要得到利益，必须考虑到危害。林逋《省心录》：“知足而不贪，知节而不淫。”知足的人，不会贪财；知道节俭的人，不会浪费挥霍。这些格言都表明面临利益时，应反思当取不当取，这是领导者最基本的廉洁规范，如果取不义之财，难免置自身于不义，重者则声败名裂，触犯法律，走上犯罪之途。

古代有很多关于见利思义的故事，给领导者以启示。春秋时期，宋国有个人得了一块珍贵宝玉，想把它献给宋国国相子罕。子罕不肯接受，献玉的人便说：“这玉石已经给玉匠看过了，的确是块珍宝，我才敢献给您。”子罕说：“我把不贪当作珍宝，你把美玉当作珍宝，如果你把玉给我，我们都会失去自己的珍宝，还不如各人都持有自己的珍宝吧。”献玉的人跪拜在地，说：“如此美玉随身携带实在太危险，把玉石送给您，我才能在回家路上免遭杀身之祸。”子罕把献玉的人安置在自己家，专门请了玉匠雕琢玉石，然后卖出宝玉将钱给了献玉的人，并送他返乡。

春秋时期，晋国国君晋献公想要派兵灭了虢国，可是在晋国和虢国之间隔着一个虞国。虞国国君虞公是个目光短浅、贪图小利的人，尤其喜欢美玉和宝马。于是，大夫荀息提议晋献公送给虞公价值连城的美玉和宝马，向虞国借道。果然，虞公见到珍贵的礼物心花怒放。虞国大夫宫之奇认为两国互相依靠，唇亡齿寒，劝虞公不要答应。但虞公贪恋美玉和名马，答应晋国借道。宫之奇预料到虞国离灭亡的日子不远，带着一家老小离开了虞国。果然，晋国借道虞国消灭了虢国，随后又把亲自迎接晋军的虞公抓住，灭了虞国。

献玉人认为人世间最珍贵的是玉，而子罕认为人世间最珍贵的是廉洁，这叫人各有其志。虞公见到美玉和宝马就忘了国家大义，结果遭受灭国之灾，这叫见利忘义，为了小利丢了大利。君子与小人的区别就在于面对义与利的态度，“君子喻于义，小人喻于利”。君子以道义为先，小人以利益为重。外在的宝物是有限的，可得可失，内在的品格则是无价的，不会像外物一样容易遗失。

见利不贪是非常可贵的品质，当今社会为人们提供了多种机遇，各种诱惑也趁势而来，领导者需要在纷繁复杂的环境中，培养抗拒诱惑的能力，做到见利不贪，洁身自爱，纤尘不染。

2. 以德促廉

德行有很多种，各种不同的德行有着相互促进的作用。廉洁是人们处理与外物关系时的态度，是否能做到“不贪不取”与人对外物的态度有直接关系。节俭的人往往廉洁，相反，奢侈的人往往贪心。因而，古代思想家们都非常强调以德促廉，特别是“俭以养廉”。诸葛亮《诫子书》：“夫君子之行：静以修身，俭以养德。”君子的操守品行，是以静思反省来修养身心，以俭朴节约来培养高尚的品德。宋濂《元史·列传第五十》：“非俭无以养廉，非廉无以养德。”不俭朴不能培育清廉之风，不清廉则不能养育道德。金缨《格言联璧·从政》：“勤能补拙，俭以养廉。”勤奋可以弥补笨拙的缺陷，节俭可以培养廉洁的作风。

南朝陈姚察生性善良，从小励精学业，孝顺父母。他五十年如一日，吃的是蔬菜，穿的是布衣。姚察身居要职，做官做到度支尚书和吏部尚书，但是依然俭朴，除了从公家所得的粮米和赏赐，不收受任何礼品。他的学生深知他清廉，有一次，只送他一匹南布和一匹花布。姚察却说：“我平常穿麻布蒲这样的粗布就可以了，你送我这么好的布，对我来说一点用都没有，你想和我交好，也用不着费心。”学生仍然请求，希望他能收下。姚察生起气来，板着面孔把学生赶了出去。从此之后，想巴结他的人再也不敢送他东西了。

人可以一生不仕，但不可一日无德。“立功”“立言”需要客观的条件和机会，唯有“立德”人人可为。从政重德一直是我国政治文明的一大传统。“兴道德，国运昌。”古人强调以德促廉，以德养廉，德与廉相互制约又相互影响。清廉是为官的本分，也是为官之德。为官要清廉，必先要涵养官德。领导者在政府、企业和社会组织中担任公职，修养自身的德行更为重要，因为这不仅关系个人的精神品质，更关系党和国家的形象和事业，对社会风气有重要的推动和引领作用。

3. 以廉立威

宋朝名臣包拯在《乞不用赃吏疏》中说：“廉者，民之表也；贪者，民之贼也。”廉洁的官吏，是人民的表率；贪赃的官吏，是人民的盗贼。朱镕基任国务院总理时，曾经先后在多个场合向官员推荐西安碑林上刻录的一则明代官箴：“吏不畏吾严，而畏吾廉；民不服吾能，而服吾公；公则民不敢慢，廉则吏不敢欺。公生明，廉生威。”对于领导者来讲，一定要知道权威的树立靠的是什么，有的人以为“不送礼就不给办事”，因为不送礼表明对方不尊重自己，其实，恰好相反，一旦收了对方的礼，你在他心目中就降格了，就失去权威了。当官的不是害怕你的权力和威严，而是害怕你的清廉，老百姓信服你，不是因为你的才能而是因为你的公正。如果为官公正，老百姓就不敢怠慢；如果廉洁，官吏就不会欺骗。领导者公正就会光明磊落，廉洁就会产生威望，这是恒久不变的真理。

南北朝时官场昏暗，盛行贿赂送礼之风。顾协进入官场后洁身自好，清正廉洁，当了大官后，所用器物，吃穿用度一如既往。因为他能经常接触宫中机密，很多人想巴结奉迎他，送礼行贿，结果都被顾协严词拒绝。有一次，一个学生跟随他做事，送他 2000 钱，结果顾协叫来家人，狠狠将这个学生打了 20 大棒。从此以后，再也没人敢给他送礼行贿了。在我国历史上，注重修身立德、为官清廉，是许多思想家的政治主张，也是许多士大夫终身恪守的准则。他们以身作则，不滥用权力，成为历史上以廉立威的典范。当前，一些领导者贪污腐败，败坏了社会风气。领导者要树立威信，就要为政以廉、公正无私、以身作则、言行一致。

（三）廉洁修身

1. 立身唯清

汉代刘向《说苑 · 说丛》："上清而无欲，则下正而民朴。"领导清心寡欲，下属风气就正，民风也就淳朴。唐代吴兢《贞观政要 · 公平》说："正气一身官气扫，清风两袖腐风离。"一身正气自然不会摆官架子，为官清廉，腐败腐朽之风自然会远离。北宋词人苏舜钦《无锡惠山寺》："清泉绝无一尘染，长松自是拔俗姿。"清泉没有沾染一点尘垢，长松有挺拔超群的身姿。明代于谦《入京》："清风两袖朝天去，免得闾阎话短长。"两袖清风去朝见皇帝，免得被左邻右舍说长道短。这些名句以其歌颂清廉而广泛流传，也表明了无论在哪个朝代，为官廉洁，立身唯清都是人们所赞扬的高洁品德。

隋朝有个叫赵轨的人，在齐州担任佐吏官。邻居家有桑树，桑子成熟后落在他家里，赵轨把桑子全捡起来送还给邻居。后来他做了掌管军队的官，夜里骑马不小心走入田里，把田里的稻子都踩坏了。天亮后，赵轨找到田地的主人，按照稻子的损失照价赔给了他。赵轨被委以新任离开当地时，老百姓流泪来送别，说："您和水一般清洁，所以我们不拿酒来相送，只拿一杯清水来饯别你。"

元代有位道德淳厚的儒士名叫许衡。有一天，他路过河阳，酷热难当，干渴难耐。路旁有棵大梨树，硕果累累。行人都蜂拥而上，争着摘梨解渴。然而，许衡只是坐在树下乘凉。大家好奇许衡为什么不动，许衡说："随便拿别人的东西，那是万万不可的。"众人说："现在天下大乱，这儿又空无一人，这棵树已经是无主的了，不吃白不吃。"许衡道："梨树失去了主人，难道我自己的心也失去主人了吗？"大家听后，对许衡不禁肃然起敬。

立身唯清是指人安身立命要清白，干干净净做人做事。出污泥而不染，虽然处于俗世之中，但拒受污浊晦气影响和污染，把清澈如水的高洁品德作为修身目标。这要求从政者对自我提出更高的道德要求，不仅要主动追求，而且要出污泥而不染。钟离子、赵轨、许衡都是立身唯清、坚守内心清白，不被物欲、私欲所污的典范。社会需要立身唯清的领导干部，因为清廉从政方能扶正祛邪，公正执法方能为公为民。

2. 恪守清廉

唐代诗人孟郊有一首诗《答郭郎中》，"松柏死不变，千年色青青。志士贫更坚，守道无异营。"松柏永不改变，千年都是青色。有志之士贫困时意志更坚定，坚持理想不作他求。宋真宗年间释道元所撰写的禅宗灯史《景德传灯录》有句名言："宁可清贫自乐，不可浊富多忧。"宁可清贫而快乐地生活，不要因谋取不义之财而忧愁度日。这些名句都是告诫人们不管在什么情况下，都要恪守清廉的品德，不能因为贫困或者遇到难处，就放弃清廉的操守。自古以来，历朝历代都留下了很多广为流传的故事，歌颂领导者恪守清廉的德行。

春秋时期，孙叔敖担任楚国令尹时，辅佐楚庄王整顿内政，强化军队，灌田万顷，楚庄王多次重赏，孙叔敖坚辞不受。他生活十分俭朴，常以柴车牝马出行，以粝饼菜羹为食，为官多年家中却没有积蓄，死后也没留下任何遗产，连棺椁也没有。他的儿子仍然靠打柴为生。梁朝有个人叫蔡樽，他在吴兴地方做太守官时，为人清廉，只喝衙门里的井水，只吃自己种的蔬菜。清朝县官于成龙，在顺治、康熙年间，从知县、知府直升至巡抚、总督。官阶虽越来越高，生活却越加辛苦。他带头实践“为民上者，务须躬先俭朴”，以屑糠杂粮为粥，佐以青菜，终年不知肉味。江南民众因而亲切地称他为“于青菜”。在任期间，凡亲戚请求凭借他的官职办私事，都被一概拒绝。康熙帝称赞他为：“居官清正，实天下廉吏第一”。

孙叔敖位居相位，却一生清贫，蔡樽一日三餐自力更生，以俭养廉，于成龙面对亲戚朋友的馈赠和请托，丝毫不为所动，他们的行为是对清廉自守最好的诠释。恪守清廉关键在于“守”字。许多在利益和富贵面前丢盔弃甲的人，他们当初也是愿意清廉为人的，但随着环境和条件的变化，坚守内心操守变得越来越困难。不甘贫穷和默默无闻，向往华丽舒适的生活，成为这些当初心忧天下的士大夫半路变节的主要原因。历史上虽然出现过不少清官，但请客送礼、贪污贿赂、徇私枉法的陋习丑行，仍是封建社会官场中的普遍现象。当前，有的领导干部为政不廉，存在贪污贿赂、徇私枉法的行为，在利益面前打破了清正廉洁的底线，应该受到严肃查处。领导者在任何时候都要稳住心神，守住清白。

3. 珍重声誉

戴德《大戴礼记 · 曾子制言上》：“富以苟不如贫以誉，生以辱不如死以荣。”富有而不义不如有美誉的贫穷，活着有耻辱不如有荣耀地死去。于谦《无题》：“名节重泰山，利欲轻鸿毛。”名誉和节操比泰山还重，私利和物欲比鸿毛还轻。程允升《幼学琼林·人事》：“为善则流芳百世，为恶则遗臭万年。”做善事则流芳百世，做恶事则遗臭万年。张廷玉《明史·赵光传》：“富贵一时，名节千古。”拥有荣华富贵只能短暂一时，保持名声节操才能流传久远。

刘宠在会稽做太守官时，勤政爱民，以至所管辖的地方违法的事越来越少，人们生活安定丰足。因此，百姓对他充满感激。后来朝廷调他去京城当官，百姓纷纷拿钱来送行，一位长者站出来说：“自从您来以后，我们这里再没有盗贼横行，晚上连狗都不叫了。老百姓不为官司所累，所以连差人都难得一见。现在您要走了，这点心意，请您一定要收下。”刘宠推辞不了老人的好意，从老人手中抽出了一文钱，算是领了大家的人情。但是等到出境时，却把钱丢进了河里。后人感动于刘宠的廉洁，把那条丢钱的河取名为钱清。

《史记》被鲁迅先生称为“史家之绝唱”。在一部《史记》中，无论是皇帝的毛病还是大臣的缺陷，都清晰可见。司马迁何以能据实写史？因为他重视名节，尊重历史；他坚持原则，清白做人，珍惜名誉。刘宠为何最终还是把钱丢进了河里，因为他珍惜自己的名誉。

“富贵一时，名节千古。”好的声誉可以使人受到社会的尊重，而坏的名声则会使人遭到人们的唾弃。领导者应珍爱名声，清正廉洁。

（四）廉洁齐家

齐家是廉之基，廉是齐家之始，家风连着党风。中国古训讲，诚意、正心、修身、齐家、治国、平天下。其中齐家是非常重要的一环。“江南第一家”郑义门，立有百年家规，明确要求凡是家里有人做官的，大家都不要去沾光，家中有困难的大家一起帮忙解决。而一旦做了贪官，就会受到整个家族的惩戒，“生不得入族门，死不得入宗祠”。因此，郑氏家族出仕为官者多达 173 人，但无一人因贪而被罢官。清朝汪祖辉讲，身之不俭，不能范家，家之不俭，必至于累身。司马光的家训《训俭示康》提倡戒奢尚俭。诸葛亮的《诫子书》讲，静以修身，俭以养德，淡泊明志，宁静致远。这些都是良好家风的典范。

1. 言传身教

申涵光《格言仅录》：“教子贵以身教，不可仅以言教。”教育孩子贵在身教，不可只是用言教。申函煜《省心短语》：“爱子不教，犹饥而食之以毒，适所以害之也。”对孩子如果只爱而不教育，就像孩子饥饿却给他毒药吃一样，正是害了他。曾国藩指出：“以身垂范而教子侄，不在诲言之谆谆也。”以自身行为示范去教育儿侄，而不在于话语的恳切。教训子孙，必须自正己身，己身能正，就是教子孙的方法。

隋朝有个人叫房彦谦，出自名家士族，自小好学，为人正道。他在长安地方做官时清正廉洁，百姓们都称他为慈父，当他离职高升之时，百姓拦路挽留并为其立碑，表扬他的德行。房彦谦把所有得到的俸禄统统用来周济那些亲戚朋友，因此家中没有剩什么钱财。他虽然过着贫困的生活，但是很怡然自得。他对儿子房玄龄说：“别人做官因此获得许多俸禄，家里从此富裕，独独我做官，家里还变贫穷了，我留给子孙的没有财富，只有‘清白’二字。”后来他的儿子房玄龄成为一代名相，大唐重臣。

包拯在端州地方做知州官，端州生产一种制砚的石头。之前许多到端州做官的人都借着进贡朝廷的名目，多收几十倍去送给朝廷有权势的人。包拯来到端州后，只要求制砚的人贡献一定数目的砚就够了，不需要征收超出朝廷规定进贡的数量。包拯任期满后，没有私拿一块砚石，因为他的清廉，平生也没有什么积蓄。他警诫自己的子孙：“我的后代做官的，如果有人贪赃枉法，这个人就不准再进家门。死了，也不准葬在坟里。如果不这样去做，就不是我的子孙。”

以廉齐家要求对家庭成员“以廉育人”。这种教育不仅言传，要让子孙妻儿通晓廉的规范，而且更重要的是要身教，在行动上要给子孙树立潜移默化的榜样。家庭是孩子成长的第一所学校，父母是孩子的第一任教师，从政者需格外注重自己的品行对子女的影响。在中国传统家庭教育中，身教重于言教，身教多于言教。通过日常生活中的耳濡目染，逐渐培养廉洁的品质，形成家风传统。当前腐败现象中，一些领导者的亲属子女利用职权进行腐败交易，坏了社会风气，也给领导者造成了不良影响。家庭是孩子的第一所学校，家长是孩子的第一任老师，无论社会如何变迁，这一点是不变的。古代廉洁持家，以廉齐家的传统给现代领导很多启示，领导者不仅要廉洁修身，还必须重视以廉齐家，言传身教，培养家庭成员廉洁自律的品质。

2. 勤俭持家

白居易《草茫茫》：“奢者狼藉俭者安，一凶一吉在眼前。”奢华的人遇到突发事件容易陷入窘迫，而勤俭的人遇到类似问题则往往比较从容。中华优秀传统文化中，先贤都倡导勤俭。司马光在《训俭示康》中写道：“俭，德之共也。”凡是道德水准高的人，往往都有勤俭朴素的共性。我们强调的俭，并不是说要当苦行僧，无端地搞节衣缩食，而是强调要弘扬勤俭节约之风，不能奢侈浪费。无论国家、民族，还是家庭、个人，一旦奢靡浪费成风，必定是没有前途的。

晋朝有个人叫吴隐之，从小清白廉洁，孝顺父母。后来做了官，他和妻子也没改变简朴的生活。相反，妻子用纺布来补贴家用，自己背柴烧饭，冬天没有棉被，就用一条草苫来裹。虽然丈夫当了官，但妻子辛苦生活的状况和百姓人家没有两样。有人不理解，隐妻却说：“我的丈夫为官非常廉洁，所得的俸钱除了赡养亲人，还要救济百姓，我在家辛苦点没什么，可以支持他不因钱财而失去廉洁的品行！”

范仲淹是宋朝官至二品的参政名人，他的“先天下之忧而忧，后天下之乐而乐”的名言千古流传。有一年，次子范纯仁准备娶媳妇，列了一张长长的购物单给父亲看。范仲淹看后很不高兴，范纯仁嘟囔道：“花烛成婚乃一生大事，再说办得体面点也是为您增光。”范仲淹厉声道：“我家历来以清廉节俭为荣，岂容你为图虚荣而败坏我的家风！倘你不听我劝告私自购买这些贵重的物品带入家门，我将当着全家人的面把它烧掉。”范纯仁只好朴素、清简地办了婚事。

勤俭持家是指治家一要勤，二要俭。勤劳与懒惰相对，节俭与奢侈相对。勤劳和节俭是我国古代先贤非常崇尚的优良家风。勤与俭尽管有区别，但二者联系十分密切。在国家层面，我们讲开源节流，在家庭层面，讲勤劳和节俭。只勤不俭如漏器打水，终将一空；只俭不勤，如流水断源，终会干涸。

勤俭的本质在于尽己之力，不怠惰，不放纵，因此，以勤俭持家不仅能兴家、兴国，而且能养身、养德。有的领导干部认为俭朴和奢侈都是个人生活的小节，无关大体。实际上，由勤俭变奢华容易，由奢侈变勤俭则比较困难。党员干部应当从小事之中，从生活、工作当中养成勤俭节约的习惯，有了良好的习惯，就不容易做出浮华享乐的行为，从而保持勤俭节约、清正廉洁的品质。

3. 廉教兴家

谭峭《化书》：“一人知俭则一家富，王者知俭则天下富。”一个人知道节俭一个家庭就会富裕；一个君王知道节俭一个国家就会富裕。陈录《善诱文·省心杂言》：“成家之道，曰俭与勤。”成就家业的方法，可以说就是节俭和勤劳。曾国藩《曾文正公全集》：“无论大家小家、士农工商，勤苦俭约，未有不兴，骄奢倦怠，未有不败。”无论是大家庭还是小家庭，不论是读书人、农民、手工业者还是商人，没有勤劳节俭不兴旺发达的，没有懒惰奢侈不家道败落的。曾国藩不满 27 岁就中了进士，点了翰林。祖父曾玉屏非常高兴，却没有“一人得道，鸡犬升天”的想法。他一再告诫儿子曾麟书：“虽然家里有人点了翰林，但仍要靠种田为生，不可以靠他吃饭！”又说，“点了翰林，事业才开始。家中的生活用度，不要累他分心，要他专心事业才好。”因此，曾国藩在京做官时从来就不需为家中生活操心。曾国藩的一生受其祖父影响深远，他信奉祖父的遗训，黎明即起，克勤克俭。良好的家风造就了曾国藩一生的品行秉性。

家庭的廉洁教育主要指长辈通过言传与身教，教会后辈廉洁自律的道理，营造清廉的家庭氛围，以达到培养廉洁德行的目的。人一旦拥有了廉洁的品性，不管为官与否，都会对自己专注的领域尽心职守，为人处世符合普遍的社会规范，能够处理好公与私的关系，因而往往容易被他人所接纳，获得成功。寇准、欧阳修和曾国藩之所以都成为一代名臣，得益于他们自小就受到良好的廉洁家风教育。领导干部要注重家风建设，通过言传身教引导妻子、孩子和亲属培养奉公职守、勤劳节俭等廉洁自律品质。

三、廉政道德的自律与他律

领导廉政建设，既需要规范制度建设，也需要道德修养。自律与他律相结合的原则，应当成为领导廉政建设的重要原则。

自律，是指个体通过自我约束，自觉地遵守各项社会规范。他律，指通过制度、纪律和社会舆论等方面的约束迫使个体遵守社会规范。廉政规范的他律性，主要是指领导者赖以行动的标准和动机首先要受到来自社会、政府、行政机构、行政职责等外在要求的支配和制约，具有约束性和导向性；廉政规范的自律性是其道德行最显著的特征，他律性向自律性的转变表现为领导者给自己的行为立法，表现为领导者的自我意志对自身行政行为的把握。贯彻实施领导廉政规范，自律是内在约束，他律是外在强制，自律是基础，他律是保证，两者相辅相成，不能偏废。坚持自律和他律相结合，才能确保贯彻落实。

在领导廉政道德建设中，需要通过自律教育引导领导者增强自律意识，同时，还要加强制度建设，建立健全监督与处罚相结合的他律机制，才能使领导者增强廉政意识，培养廉政品德。

（一）价值观、自律意识和能力

自律是一种内在的力量，是人们在长期社会生活中受教育、受熏陶、受感染所形成的一种正义感、责任心和荣誉感，是对社会、对他人负责的内在的自觉意识。领导者的自律意识来源于正确的价值观和理想信念，能否做到廉洁自律，与领导者是否确立了正确的价值观和坚定的理想信念有直接关系，没有信仰，就没有原则，没有原则就没有坚守。只有树立与廉政道德相一致的价值观和理想信念，才有可能按照廉政道德要求自我约束，自我规范。如果其内在的价值观和信念与廉政价值相违背，则不会有廉政自律意识和能力。

价值观念是行为主体在长期的价值活动中形成的对某类事物的价值信念、价值目标、价值标准等的稳定的看法。价值观念以价值信念为基础，对行为主体的行为具有鲜明的指向性，行为主体一旦形成某种特定的价值观念，就会表现出相应的行为选择。对领导者来说，影响其廉政自律的主要是价值观中的权力观、利益观和荣辱观。权力观、利益观和荣辱观的扭曲就会导致领导者丧失自律意识和能力，成为金钱、权力和欲望的奴隶。

首先，当官发财的观念使领导者无法正确对待权力和利益的关系，是导致自律意识和能力弱化的认识根源。在中国传统观念中，一个人要想过富裕的生活，必须有显贵的社会地位；一个人富裕了，就想要做官，过一过官场排场的瘾。在人们的意识中，一个人只要做了官，就应过上异于常人的奢侈豪华生活，否则，就有失面子。一个人做了官，如果还俭朴勤劳，人们会认为这个人没本事，相反，一个人做了官，香车宝马，妻妾成群，贪污奢侈，被看作是一个人的本事。这是传统的“官钱统一”思想的体现。在这种价值观的引导下，很容易导致权钱结合，领导者手中的权当作致富的资本；富人们以手中的钱购买显贵地位。

其次，重忠不怕贪的用人观是导致公务员廉洁自律意识不强的现实因素。在我国封建社会，各级官僚十分看重下属的忠诚，当下属的忠诚与清廉发生冲突需要权衡时，往往是宁愿要忠诚不要清廉。这样，官员总会有机会和胆量发财，下属总会千方百计用物质贿赂和精神贿赂手段来讨好上司，表示忠诚。上司为了赏赐下属的忠诚就给他更大的权力，更多的金钱，形成官场腐败。这种意识和观念在今天依然有存在的空间。在选拔任用干部时，首先考虑的是下属是否忠诚可靠，其次才是才能高低，廉洁与否。这种现实的用人观是领导者强化廉洁自律意识和能力的现实障碍。

最后，享乐主义荣辱观是导致公务员廉政自律意识弱化的价值基础。荣誉和耻辱，是社会对人们行为的褒贬评价以及人们对这种评价的自我感受。享乐主义极易使人们的道德标准和行为规范扭曲变形。一些领导者崇拜金钱，向往荣华富贵，把花天酒地、一掷千金视为阔气，不择手段地谋取位子、房子、票子，追求奢侈淫逸的生活方式。当领导者把享乐当作荣耀，把节俭当作耻辱时，当他的是非观、荣辱观发生扭曲时也就丧失了廉洁自律的价值基础。领导者如果把当官发财当作天经地义，把权钱交易当作理所当然，把清正廉洁看作无能，把骄奢淫逸看作本事时，就会在各种外在的利益诱惑下，放松自我约束、自我管理，做不仁之事，发不义之财，干不法之事、搞不正之风，利用自己的职权或职务影响谋取不正当利益，为私心所累、为私利所困、为私情所伤。

（二）监督惩处制度与他律机制

从人的道德形成规律看，人们接受和践行道德义务要求有一个从他律到自律的过程，他律不仅是必经的阶段，而且是实现道德内化的道德自律的必要前提。道德他律性或外在约束性对于处在他律阶段的个人来说，并不是自然而然地发生作用的，只有经过这样一个由外在强制力量支撑的他律化的训练，人们才能学会自觉地遵守道德规范。对领导者来说，这个他律过程即是制度对他的行为模式的筛选、过滤和塑造。在制度面前，无论领导者动机如何，由于总得照那套程序去做，久而久之，他做事的思路也被塑造得照着那程序去思考，以至于形成习惯。处于其中的领导者只有内受制于制度，外受制于社会层面的道德批判，才能最大限度地防止其作“恶”，而非相反。

领导廉政建设的他律主要指两个方面：一是建立监督机制；二是加强纪律查处。所谓监督，就是要综合运用党内监督、国家专门机关监督、群众监督和舆论监督等多种形式，构建完整有效的监督机制。纪律查处，就是对不接受监督或监督无效的领导干部，按照相应条款给予查处，触犯法律的则要坚决绳之以法。

首先，要建立完善的监督机制。党的领导干部手中握有权力，一旦放松自律，就有可能造成权力滥用，损害社会和人民群众的利益，破坏执政党的形象。因此，不仅要对领导者进行廉洁自律的教育，更主要的是要建立健全相关的监督机制。要合理设置机构职权，形成有效的权力制约，防止权力过于集中，适当分解并合理配置权限，把决策、执行、监督等权力分离开来，形成相互制约的关系，使权力行使者按照既定的规章制度和行为方式行使权力，克服权力行使中的随意性，防止滥用权力和以权谋私。具体地说，就是要加强党内监督，强化领导班子内部监督。要制定切实可行的措施并使之制度化；要加强对领导干部权力运行过程的监督，使权力的行使过程阳光和透明。在这个问题上，重点是要监督党员领导干部能否坚持民主集中制和集体领导原则，在干部的提拔调整、生产建设规划计划、大额度资金使用、涉外合同制定及建设项目的招标、重要工作和重大事项的决策部署等方面，是否按议事规则和工作程序办理，防止个人独断和少数人说了算。此外，还要把纪检机关的职能监督、群众监督和媒体监督有机结合起来，发挥整体监督效能。

（三）内外兼顾：自律与他律的结合

廉洁作为一种行为规范，是领导者都应当遵守的职责；廉洁作为一种内在品德，体现着领导者的崇高境界。作为行为规范，廉洁是一种外在的、他律的约束；作为一种内在的品德，廉洁贵在自律。领导者遵守廉洁的道德规范是他的义务，只有把外在的强制性化作高度的自觉性，化作个人品德、人格的廉洁，才能保证公务员在任何情况下都廉洁自律，才是真正的廉洁。如果仅仅是慑于法律和纪律的惩罚而不敢贪赃枉法，那么一旦有机可乘，或者觉得无人知晓，或者认为贪小无碍，就会放松自己，进而以权谋私背离廉洁。因此，进行廉政建设必须多管齐下，既要建立和完善相应的考评、监督机制，又要加强思想道德建设，提高领导者的廉洁意识，使廉洁化为领导者的内在品德。

C H A P T E R 0 7

第七章

文质彬彬：领导道德形象[①]

① 本章第一个问题“礼仪、道德及其本质”，在内容上参考了肖群忠、鄯爱红著《公务员职业道德》一书中“第九讲：文质彬彬：公务礼仪礼貌”中的内容，引用内容不一一标注，特此说明。

形象，是事物内在素质的外在表现，是人们对一个事物的总体印象和评价。狭义的形象是指能引起人的思想或感情活动的具体形状或姿态。现代人越来越重视自己的形象，主要源于这两个方面：一方面是社会竞争的需要，有句流行语叫"主要看颜值"说的就是这个意思。人与人的竞争不只是能力的竞争，形象也成为人们能否受欢迎、能否顺利沟通的重要素质；另一方面重视形象是个体精神需求的满足。当今社会，人们不仅追求内在的德才素质的提升，完善自我的内涵正在由追求内在素质拓展为对自我形象的追求。

领导形象，指的是领导者在工作、生活及公共活动中所表现出的言行、举止与作风等。或者说，是指领导者给外界的风貌以及下属及公众心目中对他的印象和评价。当代社会，形象与能力、品位的关系越来越紧密，形象已经不单纯是一种与修养无关的外在表现，而是在一定程度上具有了道德的特征，包括了道德的内涵。对于领导来讲，形象也包含了能力与品位这两方面的需要。作为公众人物，注重形象，特别是道德形象是领导公信力和执行力的重要方面。

一、礼仪、道德及其本质

形象，因之表现于外，因而与礼仪、礼节、礼貌有着密切的关系。我国是一个具有悠久历史的文明古国，礼仪文化源远流长，几千年来形成了中国特有的道德准则和完整的礼仪规范，素以“礼仪之邦”著称于世。孔子说：“质胜文则野，文胜质则史，文质彬彬，然后君子。”文就是文采，一种外在修饰的东西，质是质朴，内在的东西，一个人如果只有质朴内在的东西，没有外在的文采修饰，就会给人感觉粗野，反过来，如果没有内在的能力与品位，只有外在的一些修饰的话，也很难在社会上立足，真正的君子是内在的品质和外在的修饰结合在一起的。对于领导干部来说，道德形象的塑造应当从礼仪仪表的修养做起，内外结合，方可成就道德领导。

（一）礼仪与道德

“礼”的内涵有广义与狭义之分。在中国古代，最广义的礼，泛指一切典章制度、社会规范，以及相应的仪式礼节，包括法令、制度、风俗、道德、礼仪等。荀子说：“礼者，法之大分，类之纲纪也。”（《荀子·劝学》）在中国文化中，礼具有宗教、文化、政治、道德等多重意义。于宗教，它是一种祭祀的仪式和礼节；在文化，它是一种观念和习俗；在政治，它是一种典章制度和法度；在道德，它是道德规范和礼仪；在个人，它则体现为礼节和礼貌。

在中国思想史上，有些思想家将礼视为全德之称，是最高道德规范。荀子认为，礼乃是“道德之极”，是最高的道德规范，北宋李觏认为：“礼者，虚称也，法制之总名也。”“二程”也曾说：“礼者，人之规范。”礼的狭义则是专指礼仪和礼貌。孟子说：“礼之实，节文斯二者（仁、义）是也。”（《离娄上》）《礼记》说：“礼仪之始，在于正容体，齐颜色，顺辞令。”（《冠义》）这些对礼的解释，均属狭义之礼。在今天，人们使用礼这个概念时，通常是从狭义上使用的。礼仪礼貌的内容包含如下几个方面：第一，礼节是人们在交际过程中逐渐形成的约定俗成的行为规范之总和。第二，礼貌是指人们在社会交往过程中良好的言行，态度和蔼，举止适度、尊重他人是礼貌的基本要求。第三，仪表指人的外表，包括仪容、服饰、体态等，这是个人自尊与尊人的表现。第四，仪式指行礼的具体过程或程序。它是一种比较正规、隆重的礼仪形式，如婚礼、葬礼，开业、欢迎仪式，升旗仪式、签字仪式等。第五，礼俗即民俗礼仪，它是指各种历史的民族的风俗习惯。

在今天，礼这个概念已经从宗教、法律、政治等现象中独立出来，获得了相对独立的含义，但礼仪与道德的关系一直没有严格区分，他们有着相互包含、相互渗透的关系。这是由道德的特性最接近礼所导致的，也由于道德必然依靠礼去规范与表现所致。

“礼貌”是指人们在社会交往中形成的、以建立和谐关系为目标的、表示相互尊重的行为准则和规范的总和。道德虽然也是一种处理人与人之间行为规范的总和，但它的主要特点是以人的内心自觉信念为根本维系手段的一种行为规范，特别是道德作为一种品德，与“得和失”即利益有着较紧密的关系。通常，需要在涉及个人利益与他人利益关系，涉及行为选择的时候，才会出现道德问题。在发挥作用的方式上，道德主要靠社会舆论和内心信仰。在这一点上，它既不同于法律的强制，也与礼貌规范相别。道德与礼仪、礼貌的区别表现在：

第一，礼仪侧重外在性、他律性，道德倾向于内在性、自律性。礼貌是人类社会、人与人之间交往的一种约定俗成的行为规则，较之道德，它更多地体现出其习俗的他律性。礼貌是一种纯形式的、表象化的人与人之间的行为方式和规则。这是一种外貌、装饰和文饰，而道德则是以人的内心自觉和信念为基础的，它是人类精神的自律，自觉性越高，其价值就越大。

第二，礼貌与道德并不总是统一，可能有某种分离和对立，有礼貌并不表明必然有道德，有道德有时也不一定有礼貌。道德与人们的精神追求、信仰以及个人的人生观、价值观关系密切，道德的行为通常需要人们做出一定的利益牺牲，道德“是以或多或少的自我牺牲为前提的”。但是礼貌，却是人的一种修养、教养，与内在的品行可以是统一的，也可以是不统一的。一些有权势的人，为了显示自己的教养和公众形象，有时也会在公开场合“作秀”，但是在没有对其品德进行了解时，很难说他是一个道德的人。大人物的“侮辱性的礼貌”和小人物阿谀奉承的或奴颜婢膝的礼貌，都不能以表明个体内在品质的“道德”相称。也就是说，有些有良好教养的人士可能有很周全的礼貌，但却不一定比没文化、没教养、没礼貌的人的道德品质好，礼貌不与有德结合，就变成一种伪善。

第三，礼貌与道德包含的内容既有重合又有差异。礼貌是道德中基本的、外在的、表象的部分，是文明人的基本素质，并不具备内在的善恶性质。道德是礼貌的内在品质，但是也有可能二者存在不一致，礼貌是一种形式，在一些时候存在与内在品质相分离的可能。

第四，两者在产生上不同步。礼貌先于道德。规则最初是起源于习俗而不是人的自觉，最初的规则除了习惯和对习惯的尊重之外没有别的理由。道德最初只是礼貌：服从习惯，服从既定的规则，服从一切表象的规范化的规定。他律先于自律，礼貌先于道德。

礼貌与道德又相互联系，相互作用。一方面，道德是礼貌的内在精神基础。道德可以提升礼貌的真诚性、自觉性。礼貌只有与内在道德精神相结合，才能真正表达对他人的友善和尊重，否则则是一种伪善。正如孔子所说：“人而不仁，如礼何？”一个对他人心存善意和敬意的人，也必然会自觉地、更多地通过自己的礼貌行为表现出对他人的敬意，从这个意义上，道德是礼貌行为的内在精神动力。道德不同于法律，没有强制性，道德的遵守是依靠个人的内在主动性，并通过社会舆论、传统习惯以及信念起着作用，一个人思想进步、道德高尚自然会表现得谦虚礼让、彬彬有礼。在我们社会生活实践中讲道德必须讲礼仪，而讲礼仪又反过来有助于讲道德，一个人是否有道德修养，一定是通过他们具体的行为表现出来。一般来说一个有道德的人往往是一个知礼、守礼、行礼的人。另一方面，礼貌行为可以引发和培养道德，可以表现道德，可以在行为层面保障道德的实施。讲究个人礼仪是社会成员之间相互尊重、彼此友好的表示，这也是一种美德，是一个人在与他人交往过程中，在公共生活领域遵从交往规则的体现，尊重和按照社会规范行事，本身也可以看作一种道德修养。道德的内在必然会在外在的社会交往和社会生活中体现，“行为心表，言为心声”。具体地说，礼貌对道德的作用体现为以下几个方面。

首先，礼仪、礼貌作为一种人际交往与社会生活中最基本的行为规范，是社会文明程度的象征，也可以“引导”人们加强道德修养。礼是人们的行为举止、人际关系、交往方式乃至社会秩序的标准和尺度。“不学礼，无以立。”（《论语·季氏》）“人而无礼，焉以为德。”（《法言·问道》）礼仪礼貌虽然只是美德的外表，但却与内在的美德密切相关，没有对他人的遵从与对规则的尊重，也很难产生高尚的德行。《礼记·冠义》说：“凡人之所以为人者，礼义也。”人之所以为人，就在于人能够按照礼的要求行事，能够按照礼的要求选择自己的行为方式，否则，如果心目中没有礼的约束，其言行举止不遵从甚至违背礼的要求，则与禽兽无异，人也就不成其为人。同时，礼不仅是伦理道德的体现，也是伦理道德的重要内容，如果离开了规范和约束人们具体行为的“礼”，伦理道德也就无从谈起。

其次，礼仪作为一种道德精神的外在形式，可以“显现”人们的道德水平。礼仪可以展现一个人的道德素质，从人的仪态和行为中，可以体现出对道德的价值的认知水平和修养程度。礼貌和道德，实际上是一种本质和现象的关系。道德是礼貌的内在本质，礼貌是道德的外在表现。在社会生活和交往中，总是通过礼貌来显现人的道德修养水平和道德素质。人的道德素质是沉淀在内心世界的，但是，它可以通过人的礼仪行为表现出来。所以，观察一个人的仪态仪表、行为举止、语言文字，往往可以了解他内心的道德世界，包括道德认识、道德倾向和伦理精神，从而评价他的道德水准和修养程度。

礼仪也是社会公德的基本表现形式。《左传》说："礼，经国家、定社稷、序民人、利后嗣者也。"（《左传·隐公十一年》）如果不遵循"礼"的原则，人际关系中的其他道德要求也就无从谈起。儒家社会公德观：约之以礼，恭敬谦让。孔子提出"约之以礼"（《论语·颜渊》），"与人恭而有礼"（《论语·颜渊》），认为"不学礼，无以立"（《论语·季氏》）。"礼"是儒家伦理思想的重要道德范畴之一，是与仁的要求相一致的关于人的行为的礼节、制度和规范。礼的主要内容和作用，就是密切人们的伦理关系，改善人们的社会关系，维护和安定社会秩序。而社会公德发挥着维护现实的稳定、公道、扬善惩恶的功能，它对维系社会公共生活和调整人与人之间的关系具有重要作用，在社会生产和生活中起着强大的舆论监督作用和精神感召作用。

最后，礼仪礼貌作为一种操作性强的规范，是道德实现的重要方式和途径。荀子曾曰"人无礼则不生，事无礼则不成，国家无礼则不宁"。《曲礼》曰："道德仁义，非礼不成，教训正俗，非礼不备。分争辨讼，非礼不决。君臣上下父子兄弟，非礼不定。宦学事师，非礼不亲。班朝治军，莅官行法，非礼威严不行。……是以君子恭敬撙节退让以明礼。"礼仪是待人接物的行为规范，"礼义之始，在于正容体，齐颜色，顺辞令。容体正，颜色齐，辞令顺，而后礼义备"（《礼记·冠义》）。通过礼仪教育和训练，可以帮助理解内在的道德精神，掌握正确的行为准则，保证道德的实施。《论语·为政》中说："道之以政，齐之以刑，民免而无耻；道之以德，齐之以礼，有耻且格。”也说明了礼与德的重要联系。

（二）礼仪的本质

注重形象是现代人的一种自觉意识，也是现代社会交往、人与人沟通顺利畅达的必要条件。而且，现代人的礼仪遵从与形象塑造，已经不仅仅是一种个人小节问题，而是包含了社会文明程度与尊重他人的意义。对领导者而言，由于其地位的特殊性，其外在形象与个人的道德素养、能力密切相关，而且体现着一个国家的文明程度与社会风气，甚至成为一个民族精神状态的重要标志。因此，作为领导干部，更要重礼、知礼、懂礼、讲礼，注重道德形象塑造。掌握礼的实质和作用，有利于增强领导者树立好的道德形象的意识。

礼在中国古代是社会的典章制度和道德规范的总称，作为典章制度，它是社会政治制度的体现，是维护上层建筑以及与之相适应的人与人交往中的礼节仪式。作为道德规范，它是社会君子阶层的行为标准和要求。自从有了人类社会，礼就产生了，礼在现实生活主要包括三部分内容：一是礼物，就是行礼所用的宫室、衣服、器皿及其他物质的东西；二是礼仪，就是使用礼物的仪容动作；三是礼意，它是由礼物和礼仪所表达的实实在在、明明白白的内容、旨趣或目的。“礼”具有社会身份制度方面的意义，最迟在殷商时代已经存在；但是，作为一种较为严格的社会制度，则是周朝初年的事情。周朝初年，周武王伐纣灭殷，为巩固自己的统治，周公便在殷礼的基础上，重新制订礼乐，将作为社会身份意义的“礼”制度化，系统化。周公制礼作乐，目的是规范当时已经混乱的社会秩序，维护奴隶主贵族统治。春秋战国时期，面对社会变革时期传统的礼崩乐坏的混乱局面，孔子感叹“是可忍也，孰不可忍也”，提出了“克己复礼”的主张，要求人们克制自己的欲望，回归周朝时期建立起了礼仪制度，恢复社会原有的秩序。孔子追求的“礼”是西周时的等级名分制度，它规定了一整套在衣食住行方面必须合乎尊卑等级身份的礼仪规范。为复礼，孔子提出了“正名”的主张，要求按照周礼的制度把当时已混乱的社会等级秩序矫正过来。由此可见，在传统社会，礼不仅是一种人与人交往的礼节，其本质上是一种政治制度，有着重要的社会历史作用。

第一，别同异：礼的社会功能。礼作为中国古代社会的“法制之名”，其宗旨在于维护等级制度。因此，礼的根本精神、原则是“分”“别”“序”，即辨别、规定等级划分，使等级关系有序化。对此，先秦典籍有明确说明：“上下有义，贵贱有分，长幼有等，贫富有度，凡此八者，礼之经也。”（《管子·五辅》）“礼得，贵贱有等，长幼有差，贫富轻重皆有称者也。”（《荀子·富国》）荀子认为礼使社会上每个人在贵贱、长幼、贫富等封建等级制中都有恰当的地位。《礼记》中说：“夫礼者，所以定亲疏，决嫌疑，别同异，明是非也。”西汉的《淮南子》也曾说：“夫礼者，所以别尊卑、异贵贱。”（《齐俗训》）一旦确立礼的规范，人们便能由知礼而恭敬，由恭敬而尊让，于是“少长贵贱不相逾越”，最终则“乱不生而患不作”（《管子·五辅》）。就是说，如果人人都按礼的规定，安于自己的等级地位，并尊重他人的等级地位，社会自然安宁。尽管在中国古代，礼虽然有过分强调等级制的消极性，与现代社会人际关系的平等价值追求相矛盾。但不可否认，社会是等级的存在，组织管理中更不可能离开层级规则，任何一个社会的政治生活中或管理活动中，不可避免地存在一定的级别的差异，因此，上下级之间的交往也一定要有必要的礼治秩序来加以维护，因此，我们在今天加强领导者道德修养时，也需要认识和了解礼的这个“分”“别”“序”的本质。

第二，敬与让：礼的精神实质。礼是制度，是行为规范。礼从外在的制度和他律的规范变为人们的道德行为和品质就在于它得到了道德主体的情感和意志的支持。礼的伦理精神实质一为敬，二为让，这两者又是相互联系的。

礼产生于宗教祭祀活动中，因而，“敬神如神在”的心理诚敬是礼产生与发挥作用的心理基础，没有内心的敬畏之心，那么，这种祭祀活动就徒具形式，而缺少了实质的内涵，这不仅不可能持续，也是对神的一种亵渎。由人对天的关系引申出来的人对人的关系中的“礼”，其实质和核心也不能离开“敬”，礼是由“敬天”“敬神”到“敬人”的一个自然过渡，这个“人”，不仅是指上位者，而且也包括下位者。不仅是指贤者、能者、贵者，而且也包括不肖者、无能者、贱者。有德之人，应“敬”一切人，对一切人均应以礼相待。即使是对在下位者、无能者和不肖者，也不可轻侮、无礼。“敬，礼之舆也，不敬则礼不行。”(《左传・僖公十一年》)“有礼者敬人。”(《孟子・离娄下》)“恭者，礼之本也。”(《潜夫论・交际》)礼的内在本质在于敬人，离开了敬，礼就变成了虚伪的伪装和欺骗。所以孔子强调，如果“为礼不敬”的话，也就不足以观了(《论语・八佾》)。譬如行孝礼，如果对父母仅仅能够尽到赡养的义务，那只能说是像喂犬马一样地尽“赡养”的义务，不能说是“孝”，只有在赡养的同时做到“敬”，才可以说是“孝”。行祭礼也是如此，孔子的学生子张说：“祭思敬。”(《论语・子张》)这是说“敬”作为行礼时的一种态度，反过来说，人们在日常生活中时刻保持一颗恭敬之心，也就是合于礼了。所以，孔子的学生有若说：“恭近于礼。”(《论语・学而》)这就是把“敬”作为人们对待生活、立身行事的一种根本态度，就是要人们对待生活中的每一件事情，都要随时保持一种严肃认真的态度。

礼的实质是敬，也是“让”，即辞让。孟子明确讲：“辞让之心，礼之端也。”(《孟子・公孙丑上》)《左传》也明确说：“让，礼之主也。”(《左传・襄公十三年》)辞让不仅是一种态度，也是一种行为上的利益让渡。

它与争是相反的，争破坏人际的和谐，而让恰恰能维持这种和谐。

虽然恭敬与谦让在分别使用时具体含义、要求不尽相同，但两者之间又有密不可分的联系，两者都是要求自身“辞尊居卑”（朱熹语）。因此，古人或以恭敬释礼，或以谦让释礼，或两者并释。礼与敬、让是密不可分的，因此古来又有礼敬、礼让之说。

第三，内外统一：礼的实践机制。在中国文化中，礼不仅是制度与规范，而且与人的道德品质相关。内外统一，是一个人践礼崇德的实践机制。古人特别强调，礼不可停留于形式，不可追求虚文，应出于真心真情，贵在真诚。真正的礼应做到“竭情”“致诚”，将自己内心的真实情感通过一定的形式、仪式表达出来。对于礼，先哲大多重视其内容、实质而不过于追求形式。孔子说：“礼云礼云，玉帛云乎哉？乐云乐云，钟鼓云乎哉？”（《论语·阳货》）就是说礼乐不仅仅是“玉帛”“钟鼓”这些形式化的东西，而有更深一层的内涵。孔子把这深一层的意义落实在以“仁”为核心的人的内在的道德情感上，所以说：“人而不仁，如礼何！人而不仁，如乐何！”（《论语·八佾》）正因为人的内在情感是礼的本质，所以对于父母的孝之礼，就不仅仅是一个赡养的问题，还要有“敬”之心，并且表现在言谈举止、声色形貌中，所以在子夏问孝时，孔子说“色难”（《论语·为政》）。子女侍奉父母，和颜悦色最难能可贵。人的脸色，是由心决定的。子女对于父母，必然有深切笃定的孝心，由此才会有愉悦和婉的面容。凡事都可以勉强，唯有面色不大容易伪装，因此说最难，能做到这一点的就可以说是真孝顺了。至于说父兄有事，做子弟的帮忙代劳，子弟有酒饭，请父兄共享，固然是应当提倡的，但并不难做到，不可以以此来判断孝顺与否。孝之道不在于外表，而在于内在，孝顺不是表面文章，而是由心而生的实际行动，是内在与外在的统一，心生孝顺，外貌自然有好的表现。同样推广到天下百姓，始终坚持人民利益至上不是做面子工程，而是真心从人民的角度考虑，为人民着想。

再如祭祀之礼，“祭如在，祭神如神在”（《论语·八佾》），这就是要在祭祀中表现一种庄严肃穆的精神，而不能心不在焉；又如丧礼，大讲排场，并不足以寄托对死者的哀思，所以“与其易也，宁戚”（《论语·八佾》），能足以寄托哀思就可以了。其实，如果在礼的行为中，人们能时时这样保持一颗庄敬之心，保持一种真情实感，那也就是做到“仁”了，所以说，“克己复礼为仁。”（《论语·颜渊》）人们的言行举止时刻保持着一种“礼”的自觉，也就是在实践“仁”了。礼的本质不在其外在的形式，而是背后的内容。礼后德先，礼的外在行为方式要以道德的内在情操为基础。“先进于礼乐，野人也；后进于礼乐，君子也。如用之，吾从先进。”（《论语·先进》）尽管在“质”中体现的是原始、质朴的“野人”的一面，但因为它更符合“礼”的内在精神，所以二者择其一时，孔子选择了“先进”。

孟子作为儒家心性论、内圣论的最大代表，自然也是强调礼乐的内在精神，他把礼直接归结为是由人的“恭敬”“辞让”之心扩充而来的，这与其人性善理论有着必然的联系。而主张人性恶、外治论的荀子则强调礼的形式意义，认为人们在庄严肃穆的礼仪氛围中可以培养起敬重之心，而且这种敬重心要贯穿于人之生与死的全部，所谓“敬始慎终”（《荀子·礼论》），说的就是这个意思。

二、礼仪对领导的作用

礼仪在古代社会规范着人的道德和行为，也是文明的象征。礼仪在历史上经历了不断的修正、完善、继承和发扬。现代社会交往频繁，人们越来越认识到礼貌的重要。作为领导干部，其职业性质决定了他们的职业活动具有很强的群体性、公共性、政治性，工作与生活中经常面对公众，与媒体打交道，其礼仪和形象就显得更为重要，保持和维护自己良好的礼仪和形象有利于团体管理和社会服务，是从事政务公务活动的必要基础，也是领导文明素质的必然要求。

第一，礼仪是领导者立身处世、履行领导职责的基础。礼仪是律己、敬人的一种行为规范，是对他人尊重和理解的表现。文明礼仪，不仅是个人素质、教养的体现，也是个人道德和社会公德的体现。从领导礼仪来看，它是指领导者内在修养和外在素质的统一。在《论语》中，孔子曾说："不学礼，无以立。"（《论语·季氏》）又说，"不知礼，无以立也。"（《论语·尧曰》）《左传·昭公七年》中也有这样的话："礼，人之干（本）也。无礼，无以立。"古人所以视礼为立身之本，不仅是维护社会秩序的需要，也是个人修养和完善自我的需要。个人只有以礼修身，才能在社会上立足。人有礼方能免于粗野，成为文明人。荀子说："容貌、态度、进退、趋行，由礼则雅，不由礼则夷固、僻违、庸众而野。"（《荀子·修身》）同时，礼能使人正心、诚意、修身，一举一动都合规中矩。《论语·泰伯》篇云："恭而无礼，则劳；慎而无礼，则葸（xǐ）；勇而无礼，则乱；直而无礼，则绞。"《论语·尧曰》一味恭敬而不懂礼法就会烦劳、忧愁；过于谨慎而不懂礼法就会显得胆小怕事；只知道勇敢而不懂得礼法的人就会鲁莽惹祸；心直口快的人不懂得礼法就会中伤人。可见，恭敬、谨慎、勇敢、直率，如果不讲礼貌，不受礼有约束，就会变得不文明，甚至不道德，破坏了人与人之间的和谐。礼是教导人在言行举止上有合宜的行动，达到时时事事皆中节的中庸境界。

礼仪是人们在社会上谋生、立足的一种手段。对于领导者而言，以高雅的仪表风度、完善的语言艺术、良好的个人形象，展示自己的气质修养，赢得尊重，是领导者履行领导职责的基础。领导形象是在领导者与社会公众广泛接触的过程中形成的，是领导者个人内在素质和能力的外在化。领导者树立形象的过程，也就是公众对其实施领导、履行职责进行评判的过程。一般地，领导者在公众中树立了良好的形象，说明公众承认了该领导者，并对其工作给予理解与支持，该领导者就具有履行职责、实施领导的基础。相反，一个领导者在公众中没有树立良好的形象，说明公众没有承认该领导者，更不能对其工作给予理解和支持，该领导者就不具备履行职责、实施领导的基础。

在公务活动中，领导者是承担社会公共管理职责的群体，更应该有较高的文明素质和礼仪礼貌。在中国古代有相关法律规定，下级官员在正式场合拜见上级官员不穿官服被视为违法，有冒犯之嫌，会被治罪。从正面讲，官员要有个人风范，下级官员见了上级官员要表示必要的尊重。当代社会，在西方国家的大选活动中，仍然要关注参选人的形象设计，有时参选人往往是因公众形象不佳甚至是口出不逊之言而失去民众的认同。待人礼貌是人的美德和修养，能使自己心情舒畅。是否讲礼貌能看出一个人文化水平的高低，也能看出一个人道德修养的高下。

其次，礼是领导者协调人际关系、化解人际冲突与矛盾的重要规范。不论礼仪、礼节或礼貌，都有沟通情感，使人与人能够和平相处的功能。人人守礼，社会就会变得和谐而有秩序。对于领导者来说，在处理各种人际关系时，必然会遇到各种各样的冲突与矛盾，礼貌待人可以化解矛盾或避免冲突，使人与人相处融洽和谐，从而建立良好的人际关系。“有礼者敬人”，而“敬人者人恒敬之”（《孟子·离娄下》）。有礼者让人，让人者人恒让之。人人皆相互礼让，人际关系就能得以和谐、协调。加强礼仪修养有助于领导者增进人际交往，营造和谐友善的气氛。有人称个人礼仪是人际交往的润滑剂。俗话说：礼多人不怪。人际交往，贵在有礼。加强领导者礼仪修养，处处注重礼仪，能使领导者在尊敬他人的同时赢得他人的尊敬，使人与人之间的关系更趋融洽，使人们的生存环境更为宽松，使人们的交往气氛更加愉快。

在领导实践中，以礼让为原则，对于协调各种关系、有效沟通具有非常重要的作用。中国古代“将相和”的故事就是一个很好的典范。据《史记·廉颇蔺相如列传》的相关记载，廉颇和蔺相如同是赵国最重要的武将文臣，廉颇老将军战功赫赫，威名远扬，蔺相如赤胆忠心，有胆有识，由于其能将和氏璧“完璧归赵”的功绩和在渑（音 miǎn）池会上又立了功。赵王封蔺相如为上卿，职位比廉颇高。廉颇很不服气，他对别人说：“我廉颇攻无不克，战无不胜，立下许多大功。他蔺相如有什么能耐，就靠一张嘴，反而爬到我头上去了。我碰见他，得给他个下不了台！”这话传到了蔺相如耳朵里，蔺相如就请病假不上朝，免得跟廉颇见面。有一天，蔺相如坐车出去，远远看见廉颇骑着高头大马过来了，他赶紧叫车夫把车往回赶。蔺相如手下的人说，蔺相如怕廉颇像老鼠见了猫似的，为什么要怕他呢？！蔺相如对他们说：“诸位请想一想，廉将军和秦王比，谁厉害？”他们说：“当然秦王厉害！”蔺相如说：“秦王我都不怕，会怕廉将军吗？大家知道，秦王不敢进攻我们赵国，就因为武有廉颇，文有蔺相如。如果我们俩闹不和，就会削弱赵国的力量，秦国必然乘机来打我们。我所以避着廉将军，为的是我们赵国啊！”蔺相如的话传到了廉颇的耳朵里。廉颇静下心来想了想，觉得自己为了争一口气，就不顾国家的利益，真不应该。于是，他脱下战袍，背上荆条，到蔺相如门上请罪。蔺相如见廉颇来“负荆请罪”，连忙热情地出来迎接。此后，他们俩成了好朋友，同心协力保卫赵国。

最后，礼仪是领导者建立团队文化、团队精神的重要内容。从团体的角度来看，礼仪是团队形象的主要附着点。礼仪能提高团队的执行力。礼是行为准则和道德规范，仪是行为规范。古人称之为“仪规”或“仪轨”。

例如《三国志·蜀书·诸葛亮传》："抚百姓，示仪规，约官职，从权制。"首先礼仪承认差别，尊重等级。科长要服从处长的领导，团长见了师长要首先敬礼，这就是等级，有了等级的差别，就能保证团队的执行力。

礼仪能提高团队的凝聚力。《礼记·礼器》记载："君子之行礼也，不可不慎也，众之纪也，纪散而众乱。""礼"是用来确定人际关系的亲疏远近，辨明社会现象与个人行为正确与否的准则。礼仪是人类社会发展到一定阶段而产生，并且随着社会的发展而发展的社会道德准则和全体社会共同认可并且自觉遵守的行为规范。礼仪是体现这些准则和规范的各种礼法、礼数、礼节、礼貌和各种仪式的综合体系。这种综合体系得到较好的运用，可以促进组织成员团结互助、敬业爱岗、诚实守信，可以增强成员的交往与和谐，从而有助于事业的发展。相反，领导不遵循恰当的礼仪会产生负效应，使被领导者对领导者产生不信任感，相互间离心离德，这就无法发挥领导效能，阻碍领导活动的正常进行。

三、领导礼仪培养

彬彬有礼并不是虚伪做作，也并非附庸风雅，而是人的一种修养，是个人走向成功与促进社会和谐、人际和谐的润滑油。有研究表明，礼仪和风度在很大程度上决定了沟通的效率与效果。无论是古代社会将礼看作安国家、定社稷的规范，还是现代人将礼仪看作文明素养的表现，都表明礼仪对社会与个体都具有重要的价值，现代社会还把礼仪看作一种领导力，因为它是一种素养，是一个人自信、自尊、友善与教养的体现，自然也会对个人的影响力产生作用。因而，培养领导者的礼仪就显得非常重要。

首先，学习传统礼仪精神，弘扬优秀礼仪文化。我们的国家和民族有"礼仪之邦"的优良传统，应该很好地继承和发扬。我们要抛弃那些落后于时代的繁文缛节，保留有普遍意义的礼仪习惯，吸纳有积极意义的待人之礼。中国人的礼制精神是亲亲爱人，礼仪原则是自卑尊人。在与人交往时要放低姿态，谦恭待人、尊重他人，以赢得他人的尊重。领导者作为地位高的一方，尊重被领导者，会得到很好的社会效果，“若要好，大敬小”是传统礼仪精神在领导礼仪中的重要体现。敬人不仅是礼貌的姿态，或仅为礼仪性的表示，而是要发自内心地尊重他人。如果没有发自内心的恭敬，礼节就成了虚套，这就不符合传统的礼仪标准。传统礼俗中诚敬谦让、和众修身的礼仪原则在当代社会仍然值得提倡。认真辨析传统礼仪文化的优劣，择善而从，必将对领导形象的塑造发挥积极作用。

其次，学习礼仪规范，修身、修德，塑造领导形象。礼仪自古以来就被视为君子的修身养性之道。古人学礼的目的有三：所谓的“修身、治国、平天下”，修身便是其中的第一目的。而良好的性情修养就是一种良好心理的体现，表现为客观成熟的心态、良好的自我意识和妥善的处世风格。一个人礼仪修养水平的高低，是受其道德修养水平制约的。中国传统美德观认为礼反映德，德诚于中，礼形于外。一名党政干部形象如何，在一定程度上反映出他的礼仪修养和道德水准。道德礼仪修养高尚，就会受到广大群众的拥护和爱戴，在群众中的形象就会高大；道德礼仪修养低下，就会受到广大人民群众的憎恶与指责，在群众中形象就渺小。

最后，注重学习，积极实践，逐步提高礼仪修养。现代政府机关党政干部的外事活动越来越多，人际交往越来越广泛，仅仅从理论上弄清礼仪的含义和内容，而不在实践中运用是远远不够的，礼仪修养关键在于实践。修养修养，既要修炼又要培养，离开实践，修养就成为无源之水，无本之木。在培养礼仪修养时，要以主动积极的态度，坚持理论联系实际，将自己学到的礼貌礼节知识积极地应用于社会生活时空的各个方面。在各种场合中，时时处处自觉地从大处着眼，小处着手，以礼仪的准则来规范自己的言谈举止。如党政干部要在老百姓面前树立良好的举止仪表形象，做到平等待人，克服“门难进，脸难看、事难办”的现象；在公事交往过程中，轻车简从，餐饮接待杜绝讲排场、摆阔气的现象……这样持之以恒，不仅能提高领导素养，而且对于良好的社会风气、公共道德的形成发挥积极作用。

四、领导道德形象的塑造

“形象”，是由“形”和“象”两个字构成的合成词，“形”通常指称人的形体、容貌；“象”通常指称因人的形体、容貌而生发的象征。形象既是人的外貌、举止、谈吐，也是指人的内在观念、修养、品格。“领导形象”，就是领导者外在形体容貌与内在精神风貌的统一。领导者能否得到追随者的信任、拥护和支持，他在追随者心目中的形象非常重要。领导者如果缺乏良好的形象，就不可能具备吸引追随者的魅力。

在现代社会，政府的领导者，在一定范围内已经成为大众所关注的“公众人物”，良好的公众形象是其实施有效管理的“软实力”和“潜资产”。政府领导者必须强化形象意识，要学会并善于塑造个人形象，进而塑造组织形象。无论位居哪一类别、哪一层级，国家领导者的一言一行、一举一动、一颦一笑无不非常直观地显示着他的个人修养，也无不非常真实地展现着他所在组织的精神面貌。

（一）仪容仪表

2012 年湖南某县副县长因留了八字胡，引来网友一片热议。有网友认为，“政府工作人员不应当留八字胡，领导留胡须违反了公务员形象规定”；有网友则表示，“官员穿什么衣，留什么发、什么胡子都不重要，重要的是他是否廉政、勤政，一心为民”。孰是孰非，见仁见智，尽在热议之中。大家谈论的是“胡须去留”问题，关涉的是领导者的行为规范，特别是领导者仪容仪表问题。

仪容仪表是自然美、修饰美、内在美的统一。自然美指先天条件、天生资质；修饰美指通过修饰扬长避短；内在美指修炼于心、表露于外的气质。对于领导者而言，仪容仪表与礼仪构成了其形象的最直观的组成。中国当代的政治家中，周恩来总理无疑是最具风采与神韵的一位领袖人物。他那富有魅力的形象与气质、神情与风采，不仅深深感染着中国民众，也赢得了国际社会的高度景仰和广泛赞誉。这一方面得益于他一向比较注重个人形象，另一方面也与他严谨、细致、缜密的生活作风有着密切关系。此外，童年及少年时代所受的严格家庭教育和学校教育也让他受益匪浅。周恩来少年时代曾就读于天津南开学校，该校大门口的廊道内，立着一面醒目的大镜子，镜子上方镌刻着学校创始人严修先生书写的“容止格言”：“面必净，发必理。衣必整，钮必结。头容正，肩容平。胸容宽，背容直。气质勿傲勿暴勿怠，颜色宜和宜静宜庄。”中学时代接受的“容止”教育，对周恩来的一生产生了极为深刻的影响。[①]

当然，注重礼仪和形象并不是以貌取人。俗话说：“人不可貌相，海水不可斗量。”在历史和现实中，有些人虽然相貌平平，甚至丑陋不堪，但却是不折不扣的杰出人物。如我国春秋时期代表齐国出使楚国的晏子，由于身材短小，其貌不扬，受到楚国君臣的侮辱，但是凭着他的聪明才智，使楚国君臣自取其辱。晏子卓越的政治、外交才华令《史记》的作者司马迁钦佩不已；有些人虽然生得相貌堂堂、风流倜傥，但却是十足的奸佞小人。如堪称“天下第一贪”的清代权臣和珅，就是一个玉树临风、风度翩翩的美男子。外貌与内在的品格并不一致，也没有直接关系。

---

① 刘志伟：《领导形象与领导魅力》，http：//www.duwenxue.com/html/1168/1168964.html。

但是礼仪和礼貌则折射出一个人的修养。尽管人的外貌由先天因素决定，但气质则受后天因素影响。透过外貌来洞察人的内心世界完全是可能的。美国成功学大师戴尔·卡耐基就曾指出："人是可以'貌'相的，一般来说，通过他的'貌'可以部分或大部分看出他是一个怎样的人。"

当今社会，生活节奏极大加快，人际交往时间极大压缩，人们往往就是从表情这张"名片"获得对领导者的第一印象，此外，衣着也是领导者的第二皮肤。"穿衣戴帽，各有所好。"按说，一个人在其衣着打扮、仪容修饰等方面，是有其自主选择权的。唯其如此，才彰显生活的多姿多彩。但是西方有句俗话："你就是你所穿的！"（You are what you wear！）衣服是人的第二皮肤，穿衣打扮就是自我的延伸。美国一位名叫乔恩·莫利的形象设计大师曾经做过一个着装实验：他挑选了100个年轻的大学毕业生，他们都出身于美国中产家庭。他让其中的50个人按照中上层人士的标准着装，让另外50个人按照中下层人士的标准着装。然后把他们分别送到100个公司的办公室，声称是新上任的公司经理助理，进而检验秘书们对他们的合作态度。结果是，秘书们更愿意听从那些比照中上层人士标准着装的人的指令，并较好地与他们配合。而对于按照中下层人士标准着装的人士，秘书们的执行命令与合作的意愿明显下降。于是，乔恩·莫利得出了这样的结论：大多数人都是本能地以外表来判断、衡量某个人的身份和地位，进而决定自己对这个人的态度。说明在社会上与人交往时，一个人如何着装，确实会影响到别人对自己的态度、可信度和配合程度。

（二）公务形象

我国宋代政治家、史学家司马光在《资治通鉴》中记载："上神采英毅，群臣进见者，皆失举措；上知之，每见人奏事，必假以辞色，冀闻规谏。"

这里说的就是唐太宗处理公务时的形象。领导者公务形象是领导力的组成部分。领导者要取得群众的拥护和支持，除了要运用好自己手中的权力外，还要在公务活动中重视对自身形象的塑造。现代社会，互联网与信息技术的发展，使领导者在公务活动和社会活动中的一颦一笑、一言一行、一举一动，尽在公众视野和媒体传播之中。礼仪无小事，因为领导者的行为举止与他的人格、身份和国家形象联系在了一起。领导者通过各种方式，传播政务信息、阐释执政理念、改善公共关系、塑造个人形象，社会大众赏其容貌、听其言论、观其行为，进而品其格调、评其素养，逐步形成对领导者形象的认知和评价，领导者也因此形成了其公众形象。在信息化时代，领导者要善于利用信息媒体，塑造领导形象、提升领导魅力。

领导者通过自身的言谈举止，表达感情，传递思想，展示愿望，实现人际沟通，从而塑造良好的社会形象。领导者通过行使公共权力过程中所表现出来的行为特征和精神状态来塑造和展示自身的形象。一个创新、务实、廉洁、高效的领导者必然会有相应的正面的领导形象，相对地，守旧、虚伪、唯上不唯下的领导者也必然给人们留下相应的负面的形象。社会公众是领导形象的感受者和评价者，领导者的一言一行、一举一动都是社会公众对领导形象评价的依据。

（三）道德形象

每个人一生中都要用自己的行动回答两个问题，即如何做事和如何做人，对于领导者来说，还有第三个问题，那就是如何做官。领导者应当踏踏实实做事，堂堂正正做人，清清白白做官，在做事、做人、做官上都为全社会树立道德榜样。领导者的道德形象包括民主形象、亲民形象、廉洁形象、正派形象、谦逊形象等。

民主形象。民主原则是现代社会领导者决策的原则，是以多数人决定、同时尊重个人与少数人的权利为原则的决策方式。领导者的主要职能是决策与用人。决策风格是领导者最主要的形象。领导者作风专制，搞一言堂，就不可能有民主的形象。领导者如果在决策中的一贯作风是：服从多数人的决定、尊重个别人的意见、维护少数人的权利，那么他就会给人留下民主形象。民主形象的反面就是独断：或不调查研究任意从事，或不征求其他领导班子成员的意见擅自做决定，或不按集体决议独断专行……都会损害领导者的民主形象。

为树立起民主形象，领导者要从以下几个方面努力：第一，有重大事项或设想应交由利益相关者集体讨论，征求意见。第二，充分征求领导班子成员意见，实行集体决策。第三，决策时，如发现少数人的意见更为科学、正确，要耐心说服多数人转向支持少数人。第四，执行决策时，应尊重集体决议，不能擅自改变集体决定。第五，自己的意见遭到集体否决时，要心甘情愿地接受。第六，要维护少数人保留意见的权利。

亲民形象。亲民也即爱民。是从内心里把老百姓当作亲人，时时关注其冷暖、处处解决其急难；而不是在老百姓面前装笑脸，实则毫不关心民生。"亲民"是要理解老百姓的疾苦，是既要尽力为老百姓求取眼前利益，解决最迫切需要解决的问题，也要为老百姓谋取长远利益，而不是以小恩小惠博取老百姓的选票与好评。领导者应当着眼于一个地区的长远发展，有计划有步骤地解决当地民生问题。亲民形象的塑造，最核心的原则是要切实找准人民群众的关注点。无论是领导者走进普通小店用餐，还是领导者乘坐公共交通工具出行，都是一种亲民活动，体现领导者一种自信、开放的心态和作风。亲民形象的塑造，关键在于发乎内心，满怀诚意地主动接近群众，有群众的语言，乐群众之所乐，忧群众之所忧。2014 年 2 月 26 日，习近平总书记雾霾天视察北京。他不仅对北京历史文化风貌保护、轨道交通发展、水安全等表示关注，而且走进大杂院与老百姓零距离拉家常。有网友评论，没有事先安排路线，更没有事先彩排，你的心里装着群众，就会千方百计接近群众。总书记雾霾天探访北京，一方面表明与百姓同呼吸共命运，另一方面也展示领导人亲民爱民的领袖风范。危机时期，领导者以公众关注焦点为切入点的亲民活动可达到化解危机和亲民形象塑造的双重效果。2013 年 4 月 17 日，湖南省畜牧水产局局长袁延文在食堂带头吃鸡肉的行为就对消解民众因禽流感而产生的吃鸡肉恐惧心理，塑造亲民形象起了很好的作用。

廉洁形象。廉洁自律对领导者是最起码的要求，也是领导者应具备的基本素质。“民不畏我严而畏我廉”。只有清正廉洁，才能树立威信，凝聚民心。领导者塑造廉洁形象，必须做到“三慎”，即“慎始”“慎欲”“慎微”。一是要慎始。世间万事始于初，在各种诱惑面前要坚守防线。很多落马的官员在谈到堕落的经历时，都谈到“第一次”放松了约束，开了头，防线就被突破了。二是要慎欲。领导干部的“慎欲”主要要力戒 5 个方面的欲望，即权力欲、金钱欲、美色欲、占有欲、享受欲。三是要慎微。在党性修养上，大事小事、大节小节本质上都是一样的，领导干部都要在慎微上下功夫，从小事做起，从小事抓起，注意防微杜渐。领导干部要把“三慎”作为一种修养的境界，从一点一滴做起，才可能塑造廉洁形象。

正派形象。公道正派是领导者最重要的品质，这种品质又是通过外在的形象和行为所确立的，与领导干部的行为举止言谈关系密切。不修边幅、粗话连篇、言行不一、正事不管、大事不办……这些形象就不是领导者的正派形象。领导者的正派形象应该是：和蔼可亲但不轻浮、活泼有加却不伤大雅、人缘甚好但不同流合污、善心待人但爱憎分明……领导者的正派形象，不仅是为了领导者、在下属与百姓中有威望的确立，也是为了维护党和政府的形象。领导者是不是正派，直接影响到一个组织的生命力和执政的合法性，也决定了老百姓对党和组织的向心力。从处理人与事的微观行为来看，正派形象的树立应当做到以下方面：处事要公。领导者的工作决策也好，管理也好，指挥也好，处事须以公道为根本。不徇私情，遵守规则，不感情用事，不头脑发热，拍脑袋决策；用人要公。古人云：举贤不避仇，举贤不避亲。才者，即有特殊能力又做出特殊贡献的人，这种人才，往往可能存在这样那样的缺点。领导者应以事业为重，爱而知其丑，憎而知其善，客观、公正、全面、发展地看待这种人才，举荐和使用这种人才；待下要公。对待自己的下属，要公正、公道，要一视同仁，不能双重标准，厚此薄彼。做到了公，才谈上正，公正形象才可能树立。

谦逊形象。谦逊是为人之道、为官之本。因为不谦逊就会官气十足、趾高气扬、妄自尊大，从而会严重脱离群众，不利于工作的开展。领导者不仅要面对下属，更要面对社会公众。领导者要学会站在被领导者的地位思考问题，这不仅是要了解被领导者的利益与需求，而且是要了解被领导者的思维方式、言语习惯，要想百姓所想，说百姓所说。领导者要有胸怀，有格局，站得高，看得远，但不能好高骛远，以为自己最高明，被领导者都是短视的，没有远见的，因而对群众持傲慢态度。树立谦逊形象要从大处着眼、小事做起，怀着谦逊的态度，自然就会尊重下属，尊重群众，在遇到问题需要决策时就不会刚愎自用，就会谦虚地问需于民、问计于民，就会容许下属和群众充分发表不同意见，敢于放弃未被群众一致同意的意见；就会认真听取哪怕不正确的群众意见甚至不当的批评；表现在日常的礼节上，要主动问候和招呼老百姓和热情对待老百姓的问候和招呼；与年岁大的同志或长辈同行时，要让其走在前面；论功时尽量说“我们”，承担责任时尽量说“我”……如此，领导者才能树立起谦逊的形象。

C H A P T E R 0 8

第八章

有耻且格：领导品德养成

领导者的品德影响和制约其他素质，决定其他素质释放能量的方向和结果的性质。领导者的品德是一种控制权力和利益、保证公平公正、为社会树立良好示范和导向的重要素质。应当说，道德修养的目标就是促进道德规范转化为道德良知和责任感，使道德原则和规范成为其行政行为选择中的自觉和习惯。简单地说，就是领导品德的养成和完善。

领导品德的养成，要靠内外机制的结合。外部机制就是用制度来排除领导干部在公共领域中追求私利的可能性，实现公共性与私人性的严格分离；内部控制是用道德来促使领导干部树立公共利益信仰，使外在责任内化为内在价值。

一、心行合一：领导品德的特征

纵观人类历史长河，那些英名长存者，那些受到世代敬仰的人，不是因为他们权势显赫，也不是因为他们富甲天下，而是因为所具有的人之为人的高尚的品德。俄国的彼得大帝一世（1672—1721）身为至尊无上的皇帝，竟在俄国寒冷的深秋季节，跳入冰冷的河中救援溺水的士兵，身染重病而死亡。20 世纪 80 年代初，第四军医大学的大学生张华，为抢救掉入粪坑的老农献出了年轻的生命。他们的事迹表现出震撼人心的道德力量。品德是人之为人的高尚品格，领导者的品德既与普通人的品德有联系，又有区别，领导品德是领导力的内在支撑。

（一）品德与领导品德

培根曾经说过，善的德行是人类一切精神品性中最伟大的品性，“没有这个德行，则人只是一个忙忙碌碌，艰难不幸的可怜虫”。[①] 意大利大诗人但丁说：“道德常常能填补智慧的缺陷，而智慧却永远也填补不了道德的缺陷。”在人生真、善、美的诸品性中，“真”仅仅是真实客观的存在，“善”则是人之为人的根本，“美”无非是“真”与“善”的感性显现，没有真和善的充盈，也就无所谓美。品德是人之为人的立身之本，是一个人价值的标尺。人之雅俗，之高低，既不在于外表，也不在于权势和金钱，而在于品德。

品德与个人性格、心理资质相关，是与道德相关的习性、品质。品德是个体对德的占有。一个人要将德据为己有，必须把德内化为自己的品质。内化程度不同，就使“德”呈现出不同的等级和类型。在此意义上，可以将品德理解为个体气质与社会道德结合而成的，表现为各种不同类型、等级的心理和行为特征。

“品德”是指人的内心品质、情感和信念，属于主观方面的情操，品德与规范相比，是个体的一种内在品质。领导品德是领导道德规范在领导者个体职业心理和行为中的体现，是领导干部在长期的行政活动中所表现出来的稳定的道德行为特征和倾向。领导品德体现于领导个体的日常行政活动中，诉诸领导干部的行为自觉，对行政活动有着重要的影响。领导品德既具有行政道德规范的约束力，又具有内在的主动性，是行政自律与他律的高度统一。

---

① 《西方伦理学名著选集》上卷，商务印书馆，1987 年版，第 574 页。

（二）领导品德的价值

古人云："道德不厚者，不可以使民。"[①] 领导者如果没有修养和德行，就没有资格领导群众。司马光说："德者，才之帅也。""是故德才全尽，谓之圣人；才德兼之，谓之君子。德胜才，谓之愚人；才胜德，谓之小人。苟不得圣人君子而与之，与其得小人，不若得愚人。何则？君子挟才以为善，小人挟才以为恶。"领导者最重要的是"德"，其次是"才"，真正的领导者是德才兼备者，领导权威来自其人格魅力。同时，领导者的品德还会从多方面影响下属在工作中的心理和行为。习惯于能真诚地欣赏他人的优点，对人诚实、正直、公正、和善和宽容的领导，通常容易获得下属的支持和配合。下属对领导者的期望往往不局限于工作职责的范围内，领导为人处世，在与他人交往中的品德也会影响到下属对领导的评价和认识，下属通常对于能力强但品德不良者的领导并不接受与认同。

许慎《说文》称德："外得于人，内得于己也。"品德作为对社会道德的内化，既是一种自我完善的力量，又是一种处理好人际关系，促进社会有序化的手段。领导品德是指领导者在生活和学习过程中形成的、用以调节同他人相互关系的、有关价值取向和行为习惯的精神内涵，是领导者人格的重要组成部分。领导者的品德具有很强的现实能动性，能够直接产生巨大的现实结果。品德素质高的人自然就会赢得人们的信任，进而会拥有更多的追随者，"为政以德，譬如北辰，居其所而众星拱之"说的就是这个意思。

相对于道德规范而言，领导品德更为根本。道德规范如果不能转化为品德，就只是停留于纸上的道德规范；领导道德规范只有转化为品德才能

---

① 《战国策·秦策一》。

获得现实性。养成良好的品德既是领导道德规范的目的，也是遵从领导道德规范的结果。

领导品德内含着领导干部的主体意识和创造精神。任何道德的内化都是以一定的品德为基础的。只有具备了一定的品德，才有可能自觉地、自主地将外在的道德规范转化为品德。道德规范既不被领导干部内化为品德，领导道德规范就会失去存在的现实意义。领导者道德形象的好坏，并不取决于道德规范多么丰富、完善，而在于领导者在多大程度上内化了道德规范，在多大范围内能够按照道德规范行事。领导者将道德规范内化于心，外化于行，成为他的行为和心性，才能在现实中发挥作用。

从领导实践来看，一方面，要保证领导工作的有效、有序运作，必须建立普遍的、制度化的规范体系；另一方面，现代社会的开放性和多变性又增大了规则的相对性。无论规则多么系统周全，任何一套规则都无法给所有可能的偶然事件提供指导。在领导实践活动中，自由裁量权不断扩大，那种希望单纯依靠制度和法律规范来保证公共行政不偏离其本质的想法越来越不能如愿。制度和规范只是对一般的、普遍的领导活动进行规定，而现实的领导实践都是个别的、丰富多彩的，领导者在具体的领导活动中做出“变通”，是一种必然选择，但这种不可避免的变通并不是无约束、无原则的变通，而是在符合法治精神基础上有原则的变通，就是要符合法规所体现的道德精神。

道德规范不可能涵盖领导活动的一切领域，对一切行政关系和道德行为都进行规范，道德规范是普遍的，干巴巴的，现实生活却是丰富而常变的。领导者只有把握住道德规范所体现的精神，将其内化为品德，才可以在广泛的领导实践中以不变应万变，掌握行为的主动权，做到从心所欲不逾矩。

（三）领导品德的特征

广义上说，领导品德是指领导者所具有的道德品质，包括个人日常生活品德和领导实践活动中的职业品德。狭义的领导品德，主要指领导者在领导活动中所体现出来的品德。本书中的领导品德主要指领导者要从事领导活动需要具备的品德。与其他道德活动与道德关系相比较，领导活动和领导道德关系有着自己的特点，因而领导品德也具有自身的特征。

领导品德的特征是由领导活动的特征所决定的。领导品德与其他品德的区别取决于领导道德所要解决的基本矛盾。领导者所面对的基本问题和所要解决的基本矛盾是权力与利益的关系问题。领导者较其他人员而言，其主要的特征在于，他们手中掌握着一定的权力。而且，对于政府的领导者而言，这种权力是公共权力，而不是私权力。所有的道德问题都关系到利益问题，领导道德所要解决的主要矛盾就是如何运用手中的公共权力增进和分配公共利益的问题，就是如何使公共权力的行使不违背公共利益的问题。领导品德的特征主要是由公共行政权力的特征所决定的。

公共行政权力是执政党、国家机构及其他公共行政机关制定、执行法律政策、制定和发布公共行政法规，在法律授权的范围内实现对公共事务的管理的强制力量。公共行政权力具有公共性、强制性和约束性的特征。与公共权力的特征相一致，领导品德与个人品德、其他行业的职业品德相比，既包含“品德”的共性，又带有领导品德的职业特性，具有以下特征。

1. 领导品德更为重视理性的作用

心理学研究表明，人的个性与品格由知、情、意、行等要素构成，品德是道德在个性中的体现，是可以进行善恶评价的那些个性或品格，因而品德是由道德认知、道德情感、道德意志和道德行为等因素构成，这些要素也可以以道德理性与道德情感两大类来划分。任何品德都由理性与情感两种主要的要素在发挥作用。在不同类型的品德结构中，道德情感与道德理性所占的比例各不相同。在日常生活品德中，因其所要面对的是日常生活中的人伦关系，因而更多地强调情感，比如，在家庭关系中，夫妻之间、长幼之间、父母与子女之间关系的维系，主要是靠情感，父慈子孝，兄友弟恭，这些道德规范的践行主要是基于相互之间的情感，如果家庭中的道德关系要以“理”来约束，那么“情”就淡了。与家庭道德关系的维系偏重于“情”相比，领导道德关系的维系更强调理性的作用，这是公共行政权力的公共性特点所决定的。领导者与普通人一样有着各种情感与欲望，但作为领导者，又是公共权力的代表；这就要求他尽可能地放弃和克制自己作为一个普通人的非理性因素，让自己的思想、情感与个性服从公共的利益和意志。

2. 领导品德包含更多的创造性和灵活性

领导者就是协调关系，处理矛盾，特别是涉及一些利益冲突与矛盾的事项。在利益协调中，需要对冲突的利益进行判断，如个人利益还是集体利益、眼前利益还是局部利益、短期利益还是长期利益等，在处理各种道德关系时更需要运用自己的智慧做出准确的判断与妥善的选择；因此，领导品德更加注重道德选择和道德判断的能力。领导活动是社会最为复杂的活动之一，在处理各种复杂的道德关系时，道德规范常常显得模糊而缺乏现实性，需要借助领导者对道德精神的领会而灵活行事。在领导活动中，效果往往重于动机，手段往往让位于目的。但并不意味着领导者在领导实践中排斥道德的作用，如何智慧地做出选择就需要发挥领导品德的创造性和灵活性。

3. 领导品德具有更大的示范效应

领导品德可以对领导者的领导力产生积极和消极的作用，也可以对社会公众产生双向的作用。领导活动的最大特点就在于它是依法行使公共权力，管理社会公共事务，领导者既是群体利益的集中代表者和维护者，又是公共意志的体现者和执行者；既是社会生活的组织者和领导者，又是公共关系的协调者和设计者。领导者的职业特点，使其成为政府形象的主要象征，成为社会各行各业人们的导向，使领导行为较从事其他职业的个体行为而言，具有很强的示范性，对社会产生全局性和方向性影响。领导者的品德对其他行业，甚至整个社会都有示范的作用。孔子所说“君子之德风，小人之德草”，就是关于领导品德与普通群众品德关系的贴切比喻。

此外，领导品德还决定领导者影响力的大小，增强或者削弱领导者的威信。正人先正己。领导者要建立威信，必须具备良好的品德，成为被领导者的表率。一个品德为下属敬重的领导，他在下属面前就有了较高的威信，就成为下属心中的榜样和表率，从而让下属产生敬佩感，下属会从心里感到，跟随这样的领导是一种荣耀，一种快乐，一种幸福。古语云：“服人者，以德服为上，才服为中，力服为下。”以才智和能力树立起的威信，常常是不巩固的，一旦下级的才能超过自己，或者自己在工作中出现重大失误时，这种威信就会动摇，甚至消失。而只靠职位权力去领导，凭借职权使下属归服，带有强制性，下级不得不服从，而不是心甘情愿地服人，其产生的力量也极其脆弱，多是“口服心不服”，任务的执行效果会大打折扣。而品德高尚的领导者，即使失去权力，仍会有众多追随者。

4. 品德会对领导决策执行的效果产生影响

孔子说“其身正，不令而行；其身不正，虽令不从”。无论是组建团队或领导团队，没有下属的支持，领导活动就不可能取得效果。领导活动是双向的，有施力者，就需要有受力者。没有了被领导者，也就没有了领导者。领导活动不是领导一个人实施领导行为，也不是领导者自己去完成任务。领导活动的关键就在于获得下属的支持，带领团队一起去完成任务。只有赢得下属的支持，领导才有强的执行力，团队才有强的战斗力。可以说如何统一目标、把握方向、化解分歧，是考验领导者领导力的关键，而一个品德高尚、善于团结的领导者在领导计划或决策执行上会有较高的效率。

二、形神统一：领导品德的结构

领导干部的品德是一个客观存在的耗散结构系统。品德是个人经过知、情、意、行、信心理过程的一种产物。心理过程作为一个开放系统，按照系统论耗散结构的观点（从热力的第二定律出发提出了开放系统的非平衡态热力学），当他的品德中的知经过多次循环往复后，成了当前坚定的信念或理想时，不表现出来是不可能的。一个比较自私自利的干部，在廉洁自律的上级领导面前与勤政廉洁制度中，他可以控制自己甚至表现出大公无私，但是只要这些外界约束一旦没有了，他就会表现出自私自利的行为倾向；只要他一旦有了谋私利与腐败的机会，他就会表现出贪婪的欲望与损公肥私的行为。

品德结构是一个由个体独特的心理、行为特征和社会普遍的道德要求相互结合，相互作用而形成的复杂的心理行为系统。很早以来，人们就开始研究品德的结构问题，但由于人们研究的出发点不同，所要达到的认识目的不同，所看到的品德结构的表现形式也不同。从伦理学角度来看，品德结构应包括形式结构和内容结构两个子系统。前者主要是指个体品德的存在方式，包括道德动机、道德能力和道德习惯三个主要因素；后者是指个体在诸种道德关系中所必备的德行，包括个人对整体的品德和个体自身完善的品德。品德内容只有和品德形式结合在一起，才是现实的品德。品德的形式结构是表明品德这种个体现象的存在方式；品德的内容结构则是指个体自身所应承担的各种职责的内化而形成的诸种德行。构成品德的诸种形式要素与内容要素的有机结合构成了品德结构的整体模式。

（一）领导品德的形式结构

品德的形式结构是指由各种不同的道德心理要素、道德行为要素及其特定的相互关系而构成的有机统一体。领导品德是领导道德规范在领导个人心理意识和行政行为习惯中的体现。领导品德的形式结构是指由各种不同的行政道德心理和行政道德行为要素及其特定的相互关系而构成的有机统一体。就领导者个体品德发生发展的角度看，领导品德发生的基础是个体先天具有的心理素质结构。人类在长期进化发展的过程中，经过千百年的积淀，形成了人类所具有的心理框架、结构。当个体出生时，这种框架、结构就以遗传素质的方式隐含在个体身上。在此基础上，领导个体以自身需要（包括生理需要、心理需要、道德需要等）为动力，参与行政活动，与他人发生关系，在行政活动中不断将领导道德要求内化，又在行政活动中实现外化，并主动将二者进行积极的整合，逐渐形成领导个体独特的品德形式结构。就领导品德这种个体现象的存在形式而言，其要素分为领导道德动机、领导道德能力和领导道德习惯这三个因素。道德知识、道德情感、道德意志、道德行为是这些因素的活动过程和表现形式。领导道德动机和情感、意志活动有最直接的联系，领导道德能力则与道德认识有较多的联系，领导道德习惯是道德行为多次重复的结果。道德动机、道德能力和道德习惯三者既相互统一，又有主次轻重之分。一般地说，领导道德动机是公务员品德形式结构中的主导或核心成分，道德能力和道德习惯是在领导道德动机指导之下形成的，同时，领导道德动机须借助道德能力和道德习惯表现自身，三者既相互依存，又相互转化。

1. 领导道德动机

人类的活动总是由一定的动机所引起的，没有动机也就没有活动。动机是活动的原动力。领导道德动机是领导品德结构中的驱动因素，是领导品德发展和道德活动的根源之所在，是推动领导者从事道德活动的原动力。这种内部的原动力经常表现为领导个体内部紧张的解除和道德需要的满足过程。因此，领导道德动机是在道德需要的基础上产生的，它又是道德需要的表现形态。

道德需要是人们在一定物质生活过程中形成的实践理性生活的要求。个体的道德需要包含两个方面：其一，社会对个人所提出的遵守特定道德规范的行为要求；其二，个人自身追求德行、希望具有德行的要求。个体的道德需要不是人的一种先天本能或人性，它是社会实践的产物。随着在物质生活过程中个人意识水平的发展，人们逐渐形成了义务、责任、良心等精神信念，提出了物质与精神两大生活层面内在协调的要求，人们在物质富有、外在趋于充实的同时要求内在的宁静与充实。而这一切又归结为对生命意义的认识与追求。人们在有限中追求无限的心理倾向，对人生真谛的求索，人生价值的寻找，是个体道德需要的极重要因素。人们之所以接受、遵守某种道德要求，就在于他们深信这些道德要求能为他们提供更好的生存、发展与完善的条件，能够实现自己的人生价值。领导者之所以有按道德要求行事的动力，就在于道德对于领导行为有很强的支撑。无论是古代的领导还是现代的领导，离开了道德的支持，其领导的合法性就会受到质疑，领导只靠职位和权力而不是靠道德，其执行力和领导力都会打折扣。

彼得罗夫斯基说："动机，这是与满足某些需要有关的活动力。如果需要是人的各种积极性的实质、机制，那么动机就是这种实质的具体表现。"[①] 从个体品德的横断结构看，道德需要是产生道德动机，使道德认识、

---

① 彼得罗夫斯基:《普通心理学》中译本，人民教育出版社，1983 年版，第 118 页。

道德情感化为道德行为的内在依据；从品德结构形成、发展、完善的纵向演变看，道德需要则是其根源。领导者不断地将各种道德观念内化，形成个体的道德价值观；社会交往、实践活动向主体提出各种道德要求，当这种道德要求与领导者已形成的价值观相吻合时，就会转化为其道德需要，从而推动领导者的道德活动。

动机系统中另一个重要因素是道德价值观。道德价值观是主体所特有的、对一系列道德活动价值的一般看法或评价。主体的道德价值观与某一道德活动的价值虽有联系，但又有区别。对主体而言，道德活动的价值是指它能满足主体道德需要的属性，它表明的是一种关系范畴；而道德价值观则是主体对诸种道德价值优劣高低的判断与抉择。在道德价值观和需要的关系上，道德价值观决定于道德需要；而道德价值观又调节和制约着道德需要。当面临复杂的道德情境时，主体会产生各种不同的需要并做出不同的选择，这其实是一种价值的评判和选择，这时起调节和决定作用的是主体所具有的道德价值观。

道德价值观是在道德活动中逐渐形成的。主体在其成长过程中反复不断的道德实践中，对各种价值不断进行体验、辨别、比较，形成一定的价值序列。道德价值观一经定型和稳固，便有一种道德价值取向在价值观体系中上升到主导地位，并成为指导主体道德活动的最高原则，这种道德价值取向即转化为主体的道德信念。作为品德心理结构的核心，道德价值观对其中介系统的边缘系统即道德认识、道德情感、道德意志起着重要的调控作用。

2. 领导道德能力

亚里士多德说："如果做或不做高贵的或鄙贱的事情都在于我们，并且像我们说的，如果行善就是善人，行恶就是恶人，那么，要做有价值的或无价值的人，都在于我们。"一个人可以自由地选择其生存方式，也就可以自由地选择做一个什么样的人。然而，人成为什么样的人并不单纯地是一个理想问题，而是他的行为决定了他是一个什么样的人。一个人要保证他的行为合乎道德，且能尽可能地把动机与效果统一起来，就需要具备一定的道德能力。领导道德能力是领导履行道德义务、进行道德选择、实施领导道德行为时所具有的调节意识、有效地克服自我内心和外在环境困难的毅力和能力。领导在领导活动中往往受到个人欲望冲动、临场处事的心态、亲朋好友的羁绊等自我内心和外部环境阻力。领导者要积极履行领导道德，就需要具备很强的道德能力。现代社会，领导活动和道德关系的日益复杂化，道德规范的多元化，都增加了领导者道德选择和道德实践的难度，对领导者的道德能力提出了更高的要求。

道德能力直接影响人的活动效率。根据在道德活动中的不同作用，道德能力可分为道德认知能力、道德意志能力和道德行为能力三种。道德认知能力是指当主体面临一定的道德情境时，能够迅速调集自己的道德知识、观念，对情境中的是非善恶迅速做出正确的判断，确定自己所应采取的行为，并能准确把握这种道德认知能是人们分辨善恶，进行道德判断和道德推理的能力。在道德生活实践中有许多现象的善恶界限是很难划清的，人们只凭日常生活中的道德经验是无法判断是非善恶的，因而道德认知能力就成为品德结构中一个起关键作用的因素。

道德意志能力是指道德主体在具体的道德情境中，做出道德决断，并付诸实践的能力，是主体在道德实践中所表现出来的自觉克服困难、排除障碍，做出抉择的果断和坚韧品格。心理学家的研究表明，造成人们在紧急状况下不帮助他人的原因，有时并非出于恶意，而是缺乏一种意志能力。我们知道常常会有这样的情形发生：人们在道德认知、道德情感上已选择了某一“善”行，但由于意志不坚定而最终只能放弃；或者已付诸实践，但却因为意志的软弱而半途而废。而一个具有顽强道德意志的人，在任何困难条件下，也能保持自己的德行和情操，达到“富贵不能淫，贫贱不能移，威武不能屈”的崇高境界。

领导者的道德行为能力是领导者在道德认识与道德情景启发指导下，采取道德行为的技能和熟练程度。面对同样的道德情景，具有同样的道德认知和情意体验，但道德行为的选择及其后果却往往不同。造成这种现象的原因之一，即是由于领导者个体道德行为能力的差异。正是领导道德行为能力造成了动机与效果的不一致，给道德评价带来了困难。一个有道德的领导者不能空有一副好心肠，还须训练自身的道德能力，缺少这种能力，就无法履行现代社会中的种种义务，就不能成为一个真正“有道德”的领导。

3. 领导道德习惯

所谓习惯，是个人由于经常重复练习而逐步养成的、已根植于个人心理中，并成为一种自身需要的行为方式。习惯有积极的习惯和消极的习惯之分。积极的习惯是个人有目的、有计划进行锻炼的结果，消极的习惯则常常是在无意中多次重复某一不良行为而形成的。习惯把人的行为动机、意图、行为选择凝缩在已经自动化的行为方式中，形成习惯的东西不假思索就会体现在人们的行为中。

道德习惯是指个体一贯地按照一定的道德原则和规范行事，从而反复习得的道德自觉。道德习惯是个人在积极主动地接受社会道德教育和进行自我道德修养的过程中逐渐养成的。道德习惯具有重复性和习得性，它是行为主体经过后天反复练习，重复践行某些固定的道德行为模式，逐渐形成的道德行为“自动化”。道德习惯具有一贯性和稳定性。道德习惯的形成，标志着品德的形成；道德习惯的好坏，标志着品德的善恶、高下。培养良好的道德习惯是道德教育和道德修养的目的。公务员职业道德习惯是指公务员在长期的职业道德活动中，在公共行政道德认识、情感、意志及信念的影响和支配下，所产生的自觉遵守道德要求的定型化的、自主化的道德行为习惯。道德教育和道德修养的直接目的，就是将公务员职业道德意识转化为职业道德行为，并逐渐地养成职业道德习惯，最终形成良好的职业道德品质。良好的公务员职业道德习惯的形成不是一蹴而就、一朝一夕之事，而是要靠长期艰苦的道德磨炼。从日常细微和行政事务做起，养成克己奉公、遵纪守法的良好习惯，把诚信、公正、廉洁植根于内心深处，使其成为一种自然的、定型的行为习惯和行为方式，使自己在监督缺失或监督不力的时候，也能自然地、习惯性地选择与行政目标一致、符合公共利益要求的善的行政行为。

（二）领导品德的内容结构

德是领导者的立身之本，也是做好领导工作的首要条件，这主要包括领导者的政治立场、政治品德、政策水平、思想意识、道德情操、精神面貌等方面。就领导品德的内容结构而言，不同的时代、不同层级、不同职位的领导者需要具备的德行各有差异，但从共性来看，以下 6 个品德是为政者必备的品德。

1. 忠信

忠信即指“忠诚守信”，忠是指对人对事竭尽全力，信是指守诺、无欺，所谓“尽心于人曰忠，不欺于己曰信”。在传统意义上，“忠”主要体现为个人主体的自我要求，彰显了对人、对事真诚无私、竭心尽力、忠于职守，兴利于民、献身国家等精神实质。在中国古代，“忠”和“信”是人应该遵守的最基本但也是最重要的道德。对长辈尽孝，对君王、国家尽忠，诚实守信是几千年传统文化一直强调的为人、为官之道。在中国古代道德规范中，有所谓“五常八德”，五常指的是“仁、义、礼、智、信”，八德则为“孝、悌、忠、信、礼、义、廉、耻”，“忠、信”被列为重要的德目，说明了其重要性。

在中国历史上，作为一种价值取向，“忠信”曾经承担着重要的使命。忠信作为一种道德品德，通过“天下兴亡，匹夫有责”等名言，以及文天祥、于谦等人的故事，已经凝结为中华民族的一种精神信仰。虽然时代不同了，忠信的内涵发生了一些变化，但是，忠于国家、保守国家秘密、永不叛国、在紧急时刻敢于担当、不怕牺牲，这些精神在今天依然有着很高的现实价值。今天，摒弃其“愚忠”“愚信”的局限性，忠信作为一种基于信仰的规范，依然对领导者具有现实价值。

中国有着数千年的“官本位”传统，“万般皆下品，唯有读书高”“学而优则仕”。但是，自古当官就有种不同的动机和目标，有人为了谋取个人私利，出人头地，光宗耀祖；也有人为了治国平天下。将忠于国家作为当官志向的忠臣将名垂青史，世代受人景仰。例如，“匈奴未灭，何以家为”的霍去病、“先天下之忧而忧，后天下之乐而乐”的范仲淹、“苟利国家生死以，岂因祸福避趋之”的林则徐等。今天，社会政治、经济和社会环境都发生了巨大的变化，但是忠诚作为领导者的一项品德和情怀，永远都不过时。领导者只有树立为国为民做事、报效国家的理想和情怀，才能心胸开阔，超凡脱俗，建立不朽功业。相反，如果目标不高，志向不远，一味沉迷于私人情感，生活在平庸的氛围中，必然摆脱不了平庸的命运，也会愧对人民交给自己的职位和权力。换句话说，领导者追求的目标不能只是谋求个人仕途的发展，只局限于一己私利，而应当树立为国家发展做贡献、为百姓造福干事业的远大志向，有了这样的志向和信仰，才能更好地做好本职工作。在为国为民做贡献的同时，自身也得到了全面的发展和提高。

领导者应该时刻都保持对国家的忠诚心和责任感。时代不同，忠的内涵、表现及所强调的重心会有所变化，但是忠信作为一种品德，特别是领导者的品德这一点不会变化。在当代，忠信就要要求领导者要忠于人民，真诚待人，而不是用虚伪的态度去敷衍上级、对付人民；要忠于职守，爱岗敬业，克己奉公，而不是轻视职责，得过且过，玩忽职守，以权谋私；要坚持信用至上，说到做到，而不是拖沓懈怠，言行不一。“忠信”是干净担当、廉洁自律的道德和信仰基础，如果一个人没有“忠信”，就会钻法律法规的空子，就会选择性地执行上级的政策，就会在监督缺位时不自律而贪腐。

2. 公正

政府作为公共权力的拥有者，其主要的职责就是维护和实现社会公平、公正。“自由社会的政府是价值的权威分配者，它所用的不可量化的尺度是正义和社会福利。”在市场经济条件下，政府应当承担的职能是“裁判员”的职能，政府必须确立公正的道德精神，这是任何时代的政府都应有的理念。领导者作为政府公共政策的制定者与执行者，应当培养公正的品德，这是保证政府公正的基础。

领导者的公正品德的基础在于：承认社会公民具有平等的权利，而这些权利，并不因为个人的地位、性别、种族、收入等的差异受到损害，也不能被权力和特权所侵害。公平作为领导者的品德，意味着领导者在施政的过程中平等、公正地对待每一个利益相关者。领导者在分配社会利益时，尽可能公平合理；建设公平竞争的组织制度与文化，对下属一视同仁；扶持困难群众，维护社会正义。

自从人类社会产生以来，人们就在不懈地为追求公正而努力。“大道之行也，天下为公”；[①] 远古先人的这一世界大同的思想，代表了全人类对社会公正的憧憬。不论时代如何变迁，朝代如何更换，公正历来被看作对统治者、管理者的最基本的道德要求。只有领导者具备公正的品德，社会

① 《礼记·礼运》。

决策和政府行为才可能公正。公正作为领导者的品德，有以下两方面的内涵。首先，要做到分配公正。领导者作为社会权力的掌握者，社会政策的执行者，其主要的职责就是分配社会利益，维护社会公平。在利益分配上，领导者要去除私念，不受个人利益和情感的左右，做到公正无私。其次，要做到赏罚公正。领导者承担着维护社会秩序的职责。在维护社会秩序方面，要赏罚公正、合理；根据人们在权利和义务、报酬和贡献方面的对应关系实行赏罚，不能因个人主观的好恶来实行赏罚。最后，要做到公平正直。领导者要公平正直，不怕得罪人，敢于和不公正、不公平的行为做斗争。很多时候，领导者之所以不能秉公办事，并不是自己贪图私利，而是迫于某些权势人物的压力；要顶住这种压力，确实需要道德勇气。

3. 责任

“责任”一词在政治学、法学、伦理学以及日常生活中被广泛使用。人们从不同的侧面，在不同意义上使用“责任”这一概念，从而造成了“责任”一词的多义性。责任通常可分为两个意义。一是指分内应做的事，如职责、尽责任、岗位责任等。二是指没有做好自己工作，而应承担的不利后果或强制性义务。责任是和义务相联系的一个概念。责任和义务两个概念的区别不明显，往往被人们替代使用。但仔细分析，二者还是有一些区别，义务是人们对社会、对他人的一种职责、任务和使命，责任是指一个人因为没有履行或完全履行自己的义务而应当承担的后果。义务是责任存在的前提条件，但责任本身不是义务，而是义务的转化形态。义务人不履行或者不完全履行义务时，该项义务就转化成了责任。在道德意义上，责任又是和自由选择联系在一起的，自由选择是承担责任的前提，没有选择的自由，就谈不上责任，正是在这一意义上，这里把责任看作一种品德。

现代社会，责任行政或责任政府作为民主政治的一种基本理念和制度安排，越来越受到人们的重视。从广义上说，政府责任意味着政府组织及其公职人员履行其在整个社会中的职能和义务，即法律和社会所要求的义务。当一个政府组织在履行了自己的义务时，我们可以说政府是负责任的。领导者的责任感是实现责任政府的一个重要因素。作为领导品德的责任，就是要求领导者必须对自己的行为负责。德国著名社会学家马克斯·韦伯 1919 年所做的题为“作为安身立命的职业的政治”的著名讲演中指出，以政治为职业的真正的政治家，必须在充满权力欲、不义和强力的错综复杂的政治生活中使自己的行为符合责任伦理的要求。所谓责任伦理，是指从政者必须具备切实的热情、超越虚荣的责任感和人与事保持一段距离的判断力，对自己行为可预见的后果承担责任。韦伯告诫人们，政治中如果不依循责任伦理的原则，人类的政治生活将不会有人们所期待的希望。

公共行政的首要本质公共性，如果领导活动可以随心所欲，为所欲为而无须承担责任，那就会将整个社会引向无序状态。如果领导者没有强烈的责任感，没有负责任的职业品德，政府就很难说是负责任的。现代社会领导者的责任品德，还包括行为失当时勇于承担后果的品德，领导者的责任品德是责任行政的保证。

4. 协作

社会发展与进步需要政府机关之间、政府与社会之间、政府与企业之间、公职人员之间的通力合作和协调。中央政府与地方政府、上级政府与下级政府、政府与所属部门之间，政府各部门之间存在大量需要沟通与协作的领域，可以说，没有一件事情不涉及两个以上部门，领导工作在很大程度上需要沟通协调。职能交叉，机构重叠，必然导致政出多门，多头执法；层次过多，责任不清，就会出现推诿扯皮，政令不通；权大责小，则你争我夺，互不相让；责大权小，就你推我让，不肯接手。这些问题的解决，要从机构、体制上做文章，但关键是各级领导者要有协作精神，要具备协作品德。

协作品德，是指通过情感、态度、思想、观点的交流，建立良好人际合作关系的能力。能否正确地处理人与人之间的关系，是评价现代人情商的重要标志，也是领导者的必备品德。有的人业务好，技术强，但是一涉及与人交往，就不能很好地与人沟通。协作是一种品德，也是一种思维方式，以物为中心的思维方式就很难做好沟通协调工作。协作要求领导者正确处理好国家、集体和个人之间的利益关系，努力在同一行政部门内部和不同行政部门之间展开充分的协调与合作。协作品德是保证政策有效执行的必要前提之一。几乎所有政策的执行都牵涉两个以上的政府部门，可以说没有一个项目能够由某一个部门单独地完成。如果领导者不具备一定的基于协调意识和协调能力的协调品德，就很难取得有效成果。特别是目前我国经济活动中还客观存在部门分割和地方分割的情况，政府加强服务就要在为企业解决问题中主动、积极做好协调工作。

公共行政所蕴含的协作精神还包括与公民的协作互动。让公民参与社会的管理和治理，为各级政府出谋划策，同时让公民对政府行政行为增进了解，从而有利于促进双方的合作和理解。在与公民交往中，领导者的协调品德是增进政府与公民的合作关系的重要素质。领导者的协作品德还表现在政府内部上下级之间、同级之间的相互信任。基于目前的社会现状，我们迫切需要加强团队协作，增强组织凝聚力。特别要克服目前在组织沟通中偏重上行沟通，而忽略了平行沟通和下行沟通的现象，增强与被领导者的沟通与协调。

协作是一种品德问题，也是一个方法问题，它要求领导者在处理与他人的关系时要讲究方式方法。协作品德既以相互尊重为前提，又是相互尊重的表现。

5. 自律

自律与他律是相对应的一个伦理范畴。“他律”是指一种来自外在的、异己的力量的约束，“自律”是指自我约束、自我规范、自我节制。他律和自律既是指行为规范发挥作用的方式，也可以是指人们修养的一种境界和精神。正是在这一意义上，古人把“慎独”看作品德。

西方著名的哲学家康德最早提出了“自律”范畴，指不受外界约束、不为情支配、全然根据自己的良心，把道德作为追求目的的一种道德境界。“自律”本质上是人对规则的自觉遵守。现代社会的自律，不是单纯的对自己欲望的节制，也不是单纯依靠自我向内用功的道德修养，而是在对规则精神深刻领会基础上，对规则的自觉遵守。

领导自律，即领导者自我约束、自我规范。自律以责任意识为前提，对政府而言，政府自律是政府针对自身出现的问题，通过落实责任的方式，主动规范、主动约束的行为。对领导而言，是领导者针对自身的思想和行为现状，通过自我反省，寻找差距，实现成长与发展的过程，是自我对自身缺点与不足的认知与克服。社会结构的变迁使现代社会的伦理关系发生了很大的变化，人伦关系的复杂多样性和现实生活的丰富性使现有的道德规范难以涵盖一切关系和行为，人的活动范围的扩大和流动性的增加使外在的他律的约束力日益减弱，行政自由裁量权的不断扩大使公共管理者有了更多的发挥其主动性和创造性的机会。基于对道德规范的本质和精神理解的基础上的自律精神就成为服务型政府的伦理精神。与此同时，领导者应当确定“自律”的品德，这种品德表现为无论在什么情况下都能以公共行政伦理规范的精神为宗旨，严格要求自己，对上、对下负责，还要对自己的信念和人格负责。有了这样的自律精神，公务员才会不为权、钱、色等外在的利益所诱惑，才能坚守自己的人格，才能在关键的时候表现出无私无畏、敢作敢当的气概。

日前，“引咎辞职”正在成为一项行政惯例逐渐引入行政生活中，引咎辞职是指领导者对其没有做好的工作（不作为）而造成的损失和负面影响，主动承担责任的一种自责行为。“引咎”出自领导者承担责任的自觉，即在还没有构成法律责任的情况下，承担道义和政治责任的主动请辞行为。对领导者来说，引咎辞职也意味着一种主动承担责任的勇气。

6. 宽容

与自律精神相联系又相区别的是宽容精神。宽容是一个有着浓厚历史渊源、宗教背景的伦理概念，后经欧洲的近代革命和思想启蒙，它成了一个与“博爱”相近的人道主义伦理概念。宽容是做人的美德，古希腊思想家奥勒留就说过：“理性的存在物质被创造出来是为了互相加惠，宽恕是公义的一部分；人们的行为失误并非本心就要如此。”所以，“世界上只有一件事是值得介意的，人必须真诚和公正，哪怕是对不真诚和不公正的人，也要待之以仁”。现代社会所需要的宽容品德，是处理人际关系的一种和平友善的态度，它要求人与人之间要在互相平等的前提下对他人的个性、行为、隐私等保持一定程度的尊重，反映了对客体人格的充分尊重，其本质是对公民的基本权利和个性意识的尊重。现代社会，公民应具有强烈的规则意识和守规则的自律精神，但对于他人不违反社会规则的个性、行为、隐私则要尊重。对领导者来说，要对下属或公众的个性习惯、生活方式，有足够包容性。这种包容是建立在对他人充分理解的基础上的包容，领导者不能在管制的名义下随意干预下属和公众的私生活。

宽容无疑是和谐不可或缺的一个元素。就本质意义说，宽容就是宽容不同于己的异人异事、异言异行。凡事与自己保持一致，是不存在宽容不宽容的。宽容是现代多元社会所要求的个性特征，尊重他人的生活方式、思想观念、兴趣爱好既表明一个人的境界，也折射出社会的进步。宽容是一个社会富有生气的前提。中国古代讲“和而不同”，“同一”是社会稳定的必要条件，但是长期的、过度的同一必然产生僵化。宽容作为领导者的一种品德，它包含着的一种精神境界，是对他人的生存方式和生活态度的一种理解，是对自由的一种支持；同时，还是一种服务性的品德，它鼓励和支持下属的广泛参与和合作。但宽容不是对非理的行为和恶势力的顺从。领导者是社会和组织公正的裁判者，承担着维护社会和组织公正的职责，因而对恶人和恶势力不能宽容，才能体现和维护公正，才能营造公正的文化。

C H A P T E R 0 9

第九章

内外兼修：领导品德养成

道德在不同的文化、哲学、宗教之中，有不同的标准。就个体来说，道德不是天生的，是教育、制度、文化等因素交互作用的结果。品德是如何形成的，其内外机制是什么，领导者如何修养自身的品德，这是本章的主要内容。

一、影响领导品德养成的因素

人的品德的形成受多种因素影响，从社会层面而言它受传统文化、既定法律规范、经济生活、社会生活等很多因素的影响；从个体层面而言，它受个人的理想信念、个性特征、行为习惯等因素影响。当社会结构处于转型和变迁中时，领导品德也会发生变化。除主观因素之外，客观的制度环境对领导品德的形成与发展具有重要的影响。对领导品德最为直接的影响因素包含以下几个方面。

（一）个性特征

个性心理特征主要是指由人的各种心理特点的独特结合而成个性特征，包括能力、气质和性格三方面。个性心理特征的差异是社会普遍道德在个体身上呈现出不同品德的主要原因。亚里士多德把不同的性格特征直接看作人的品德，韩愈用“性三品”说解释人们德行的差异。虽然这种观点不能科学地解释品德的发生，品德发生的决定因素在于人们的社会存在，就是人们的个性心理特征也并不是纯粹自然的产物，必然受到社会存在的影响，但毕竟从相对意义上可以把人的个性心理特征看作个体方面的特征，这种特征对品德的发展有着重要的作用。

1. 能力

有两种能力直接影响领导品德的形成，即接受能力和行为能力。接受能力在领导品德形成中主要是指直接影响领导者顺利有效地完成接受、内化领导道德规范的个性心理特征。接受能力的强弱对领导品德形成的影响，首先表现在与接受内容的关系上。接受能力强，表明接受者善于充分发挥主观能动性，积极地参加接受活动，并能准确领会领导道德要求的内涵和精神；其次，它表现在与接受量的关系上。一般来说，接受能力与接受量成正比。接受能力强，则接受量大，接受速度快，因而接受效率也高。接受能力差，结果则相反。领导者具备较强的接受能力，则有助于他对法律、法规、道德规范的全面把握和接受；再次，它表现在接受的方式、方法上面。接受能力强，善于触类旁通，举一反三，因而对接受方式的限制也小，接受者的适应性也较大，他们能较快地适应并顺利地完成各种不同的接受任务。行为能力的差异也是影响领导品德形成的重要因素，领导者掌握、接受了道德规范要求，还需借助行为能力使内在的德心在各种社会关系和领导实践中得以展现，行为能力的强弱导致领导者个体完成道德活动的效果的差异，从而导致领导者个体品德的差异。

2. 气质

气质是指个人心理活动的动力特征，是指人相对稳定的个性特征、风格以及气度。气质是个体不论在什么时间、场合，也不论活动内容、兴趣、动机如何，都稳定地表现出个人特定的心理动力特点。性格开朗的人通常表现出聪慧的气质，温文尔雅的人通常表现出恬静的气质。领导品德是道德因素在领导气质中的体现，是凝结在领导气质中的道德因素。领导个体的品德直接受到其气质类型的影响。急躁的人通常雷厉风行，勇于担当，通常容易培养勇敢的品德，但难培养谦逊的品德。

任何一种气质类型都有积极方面和消极方面，只有和道德结合在一起，构成一定的德行才能对之进行善恶评价。气质不同不影响人的德行价值的高低。不同气质的人内化社会道德，践履社会道德的方式不同，效率不同，但最后达到的效果可以是一致的，任何气质类型的人都可以是品德高尚的人或是品德低下的人。

3. 性格

性格是表现在人对现实的态度和行为方式中比较稳定的独特的心理特征的总和。性格是人的个性心理特征中一个重要的组成部分。人的性格有多种多样的特征，它是由诸种特征组合而成的复杂结构物。最主要的性格特征有态度特征、意志特征、情绪特征。这些特征都对品德的形成具有重要影响，有些甚至直接成为品德的组成部分。态度特征主要体现在个人对待现实生活，对待自身稳定的心态和表现在外的风度。这一特征和道德要求相结合，直接构成领导品德的重要因素。意志特征是个体对自己行为的自觉调节方式和水平方面的个人特点。这一特征在领导品德形成中的作用体现在领导者要对自己心理、行为进行道德调节，使自己的行为合乎道德要求，并最终成为他的道德习惯。情绪特征是指个体经常表现的情绪活动的强度、稳定性、持久性和主导性方面的特征。这种特征对领导品德的影响体现在它决定领导者在践履道德行为时的强度、稳定性和持久性。领导者如果受情绪感染和支配的强度较大，就很容易在一时冲动之下做出道德和不道德行为，但这种道德或不道德行为如果没有足够的理性特征，而是受情绪支配，就很难持久，形成稳定性的品德。

（二）行政文化

行政文化，从广义上说，包含制度层面的行政文化和社会心理层面的行政文化，即是指人们在社会生活中形成的行政制度、行政组织以及依附于它们的各种规章条例等和人们在行政实践中长期积淀而成的行政心理、行政价值取向、行政伦理观念、行政思维模式等的总称。狭义的行政文化主要指社会成员关于行政系统的成因、结构、运行方式及其与公民间关系的认知、情感、态度与价值取向等心理活动的总和，这里主要从狭义来讲行政文化对领导品德的影响。

首先，行政文化通过公务员的心理机制影响和造就领导品德。制度、法则等外在规则由于缺乏内在心理认同的支持，其效能的实现往往大打折扣。而文化价值规范系统往往更容易为人们潜移默化地接受。领导品德中最重要的正义感、羞耻感、荣誉感、良心等心理机制正是受行政文化环境长期熏陶的结果。行政文化对领导品德的影响有积极与消极之分。具备何种道德感和荣誉感取决于其所受影响的行政文化的先进与落后。如果他接受了先进的行政文化的影响，就可能养成良好的职业良知和道德心理；反之，他就难以摆脱鄙俗的习气。

其次，行政文化通过对社会价值取向的影响而作用于领导品德的养成。价值取向是指个体对社会价值观的一种选择机制。某些价值观为个体所认同并内化为人格结构中的核心部分，就具有评价事物、唤起态度、指引和调节行为的定向功能。价值取向既是一种社会文化的倾向加以研究，也是一种个体人格倾向。价值取向直接影响个体的工作态度和行为。一个社会的价值取向，往往受到文化环境的影响。如“官本位”的行政文化与“民本位”的行政文化所造就的职业品德就各不相同。在“官本位”的文化背景下，领导者必然把盲目服从上级命令作为最重要的品德，甚至唯唯诺诺，丧失气节；在“民本位”的行政文化背景下，则可能形成领导“服务人民”的品德。

最后，行政文化通过改造领导者的习性和气质而影响领导品德的养成。文化塑造并改变着人的习性和气质。行政文化在很大程度上可以塑造和改变领导者的习性和气质。当他成为一个领导者时，他要接受行政文化的教化；在他尚未成为一个领导者之时，他在与社会的交互作用时，也会受到行政文化的影响，也会通过与行政机关、领导者打交道的亲身体验等初步养成对行政活动、行政权力的看法，并进而影响到其领导品德养成的基调。

（三）组织制度

道德建设并不是孤立的，自古以来，品德培养的方法中就有道德修养与制度建设两个方面。如果说道德修养是提升个体道德的主要方法的话，那么制度建设则是提升一个群体整体的道德水平的重要方法，并在很大的程度上影响着个体的品德修养。从一定意义上说，制度是提升品德的大体，道德修养是品德提升的小体。制度是指对社会成员行为的约束和准则以及制定约束与准则的活动。组织制度是一个组织中全体成员必须遵守的行为准则，它包括组织机构的各种章程、条例、守则、程序、标准等。组织制度作为组织的基本规范，它规定组织的指挥系统，明确人与人之间的分工和协调关系，规定各部门及其成员的职权和职责，并以此对组织成员进行奖惩以达到激励的作用。健全的组织制度有利于良好的品德的养成和完善，相反，不健全的组织制度则不利于其成员养成良好的道德。

领导品德的形成也一样，领导道德建设的基础就是要建立一套责、权、利相统一的管理制度。其中，关系最为密切的是用人制度、分配制度和奖惩制度。用人和分配制度是影响领导者道德价值观的重要因素。什么样的人能得到重用，什么样的人能得到实惠，直接成为人们观念和行为的风向标。如果一个组织的制度科学合理，职责明确，奖惩分明，执行有力，那么组织中人们的道德价值观很明确，如果职责不明确，奖惩不分明，执行无力，人们的价值观就存在模糊和混乱。一些组织单位的制度设计中的功利主义倾向，缺乏对道德的有效和科学的考评，虽然倡导“不让老实人吃亏”，但没有与之相应的制度设计，对领导品德的培养就失去了制度的支持。领导品德还与职能划分和职责规定相关。政府承担了太多的职能和不属于政府的职能是导致领导者职责不明、服务不周的深层原因。此外，领导道德管理和监督的缺位也是导致领导道德缺失的原因。我国多年来对领导干部的道德缺失问题，几乎是“民不举官不究”。监督上的走过场和流于形式甚至严重“缺位”，再加上实际执行过程中也往往是重教育轻处罚，制度规定必然对领导干部道德失范问题以及其他违法乱纪行为起不到应有的震慑作用。由于没有真正建立起对领导干部道德失范问题的监督制度，使得权力运行过程缺少严格的制度监督和执行，所以发生以权谋私，引发权钱交易、权色交易、权权交易等问题也是必然的。只靠“应该”而缺乏“必须”的制度设计状况下，一些领导干部的道德失范就会从可能变成现实。

（四）社会期待

社会期待是社会群体根据个人在社会结构中所处的身份地位和所扮演的角色，对其提出的行为规范和行为模式。如果将社会看作一个生活的舞台，那么每个社会成员都在其中扮演着特定的角色，任何一种社会角色总与一整套的权利义务规范和一系列的行为模式相联系。当人们知道某人处在某种社会地位上时，便期望他具备一套与其地位相一致的行为模式，这就形成了对角色的社会期待。一方面，社会期待是由某一职业的权利和义务关系所规定的；另一方面，社会期待又会反过来强化人们的权利和义务关系，从而促成相应道德的形成和完善。

领导品德养成不仅要靠领导者的自律，而且要依靠社会成员或者组织成员的相互作用，依靠公众和下属的监督和约束。社会心理学研究表明，控制个人行为的因素，更多地不是个人的内心倾向，而是个人与他人交往的社会系统中存在的社会期待，个人与组织成员交往的组织中存在的组织期待，即社会和组织的文化因素为领导者提供了行为指针。社会文化和组织文化如果把领导者定位为公民或下属服务的“公仆”，那么社会和组织就会以“公仆”的期待来要求领导者的言行，如果领导者的言行不能符合社会和组织期待的要求，社会和组织就会采用各种正式的非正式的途径和方式进行谴责，以此促进领导道德的提升。相反，如果社会和组织文化认为领导者是“官老爷”，那么公众和组织成员就会对领导者为自己和自己熟人谋取私利采取容忍的态度，因而也就不利于领导品德修养。

二、领导品德养成的外部机制

领导品德的养成既靠内部修养，又靠外部约束，特别是对政府的领导者而言，作为公共行政的领导者，对其要求更应该严格。中组部 2015 年印发的《关于加强对干部德的考核意见》指出，要“发挥组织监督、群众监督和舆论监督作用，建立对干部德的监督约束机制，促使广大干部特别是领导干部自觉守德、律德”。这就是领导道德培养的外在机制。领导者道德人格形成的外在机制是指通过外在的他律的方式使领导者把外在的道德规范内化到心理形成德行的方式。因此，道德人格形成的外在机制在促使人们德行的转化中发挥着重要作用。领导干部道德人格形成的外在机制主要有 4 个：即道德约束机制、道德评价机制、道德赏罚机制和道德期待机制。

（一）道德约束机制

道德行为约束机制，是指把道德准则转化为人的道德品德与道德行为的途径、手段和措施的总和。在一个社会里，文化传统、风俗习惯、内在良心以及社会舆论等，都是构成道德行为约束机制的重要成分。其中，文化传统、风俗习惯和社会舆论都属于外在机制，内在良心属于内在机制。

康德在讨论道德本质时就曾强调，符合道德价值的行为经常与个人求生的本能行为相反，是以自觉地牺牲个体在感性肉体上的愉悦和满足为特征的，因而是强制性的。这就是说，人们“自觉自愿”的道德实践实际也是某种约束力量所致。康德以为这种约束力量源于理性的意志，说明康德非常注重内在的精神自律。但事实上，道德约束除了内在的自我约束之外，外在的约束机制也非常重要。如果没有道德行为的外在约束机制，道德就很难发挥维持社会生活秩序、调整社会关系和规范人的社会行为的功能。

伴随着工业化、信息化、城镇化的进程，中国社会正在从熟人社会向陌生人社会过渡，社会舆论和传统习惯作为道德发挥作用的两大主要力量对道德的约束力正趋于弱化。与此同时，“良心”作为道德的一种约束机制又因失去信念的支持与外在评价的认同，而成为孤立于伦理精神的、缺乏客观性和现实力量的自我认同，“我就是道德”“不求外界认同，只求自我安心”成为一些违德者的宣言。这是导致道德相对主义盛行的现实根源。因此，加强领导者道德建设需要重建道德约束机制。根据制度理论和行为科学理论，需要从以下几个层面构建公务员道德行为约束机制体系。

1. 道德需要引导机制

道德需要是人特有的需要，其满足方式与作用方式都有别于主体的其他需要。从道德他律到道德自律的内化过程，是主体道德需要的客观要求，也是道德需要实现的过程。道德他律为主体提供道德行为模式和道德评价机制，道德自律则将外在的约束化为主体内在的道德需要与道德追求。传统的道德内约机制主要依靠个人的良知，本质上，良知产生于人们对社会舆论与传统习俗的认同以及对违背传统习俗与大众标准后的畏惧，依然属于他律。道德需要则是人的一种高层次精神需要，是在社会由生存型转向发展型以后，人的物质生活得到一定程度满足之后产生的需要。但是道德需要的产生与提升并非自发完成，因而，目前要在研究公务员公共服务动机的前提下，激发和提升公务员服务公众的道德需要。

2. 道德形成的约束机制

目前领导道德的约束机制方面，存在他律弱化倾向。一方面表现为社会舆论与道德文化对一些道德行为的宽容，另一方面表现为社会舆论与传统习俗的作用被漠视，一些人公然置社会道德规范于不顾，公众舆论、传统习俗不能有效地扼制不道德行为。在这种情况下，就需要建立不同于公众舆论与传统习俗的刚性制度，强化领导道德的外在约束。

首先，探索领导道德制度约束的新途径。对于领导道德中涉及公共权力使用的领域，应将相应的道德规范制度化、法制化。特别是与公众利益密切相关，公众密切关注的腐败问题，必须通过制度从源头上治理，只有建立起包括领导干部财产申报制度、公务接待制度、公共财政预算和经费管理制度等一系列严格而合理的制度，才有可能培育领导者廉洁的品德，从而也不会因制度缺失一小部分人的腐败而使大部分领导干部乃至政府的公信力下降。

其次，道德发挥作用的一个非常重要的途径是社会舆论。道德规范虽然是一种选择性的规范，但并不意味着违背了就不受惩罚。特别是现代民主社会，公共行政人员如果背离了公共利益，就会受到舆论的谴责，同时，领导者对于涉嫌违背公共利益的行为，如果不能做出合理的解释，就需要承担相应的道德责任，甚至引咎辞职。在一些社会清廉度比较高的国家和地区，非常重视政府诚信建设，在全社会形成了不宽容利益冲突的社会道德氛围。最典型的例子，莫过于黄河生和梁锦松触犯利益冲突受处罚的例子。黄河生曾担任香港特区税务局长，他的妻子郑丽容在湾仔开设了一家税务公司，为大小公司提供各类报税服务。因该公司熟悉香港税务，能为客户减轻税务负担和罚款。此事被媒体披露后，成为香港社会聚焦的热点，经过近两个月的调查，特区政府最终的处理结果是立刻终止合约，取消黄河生原有的 90 多万元酬金作为惩罚。另外一个典型“案例”，是曾经在香港政商两界叱咤风云、曾被人称为“财爷”的梁锦松，也是因为没有及时报告利益冲突，黯然辞职。黄河生和梁锦松最终虽没有受到刑事监控，但都为其行为失当付出了代价。在香港，官员不仅严禁收受贿赂，而且还要在日常生活和工作过程中避免给人留下“徇私”的印象，涉嫌利益冲突，即使还没有达到违法犯罪的程度，但只要造成对政府和领导者个人诚信的损害，领导者也会引咎辞职，以表示对市民负责的态度。

（二）道德评价机制

中华民族有着悠久而深厚的德治传统，对官员进行道德评价由来已久，从西周考察“六德”，到秦朝防止“五失”，再到唐代坚持“四善”，都对如何为官、如何从政提出具体要求。中国共产党执政以来，为了建设高素质干部队伍，一直重视对领导干部的从政道德进行评价，为选人用人提供依据，提出了“德才兼备，以德为先”的用人标准。在当前迫切需要提升领导干部道德人格的情况下，我们应当建立科学的道德评价机制，提高各级组织的领导力。

道德人格评价涉及评价的依据、标准和方法三个方面的问题。当前我们国家领导干部道德评价依据上存在两大问题：一是重能轻德；二是私德盛行，公德退缩。中组部解读干部选拔任用标准时，提出了四条标准：第一条，从履行岗位职责中表现出的工作动机、工作态度、工作作风、工作成效和团结协作精神；第二条，在完成急难险重任务中，是否冲在第一线、沉着应对、坚韧不拔；第三条，面对重大问题、重大政治事件，是否立场坚定、态度鲜明、服从组织、顾全大局；第四条，对待个人名利，是否心态平和、服从安排、头脑清醒、真诚谦让、辛勤工作。这四条为加强领导干部道德人格培养提供了总的标准和方向。

德的评价有一定的难度，因为它不像经济发展那样可以指标化、数据化，但是并不是说德不可以评价。道德评价的方法有：群众评价、社会舆论评价、组织评价和自我评价等。新时期应发挥社会舆论评价的作用，保证领导者为人民服务的道德宗旨，这是道德人格中最核心的因素。中组部的考核意见中指出："要把干部在关键时刻、重要事件中的表现作为考核干部德的主要途径，对干部德的考核要注重群众公论"，可以说抓住了道德评价的关键方法。

（三）道德赏罚机制

领导者道德赏罚机制是一种奖励和处罚的激励机制，是将道德评价的结果与领导者最为关心的事情如升迁、收入等挂钩，使领导者的道德行为与自身升降去留相联系，这样的抑恶扬善才能促使领导者提升道德人格。

道德赏罚常见的三种：物质性的赏罚、行政性的赏罚和精神性的赏罚。物质性的赏罚就是对于善与恶的行为分别给予物质性的奖励和处罚。关于行政性赏罚，就是根据道德评价的结果，行政组织采取一定的方式给予奖励或批评，甚至是行政处罚。中组部《关于加强对干部德的考核意见》指出，"突出德在干部标准中的优先地位和主导作用，运用德的考核结果加强干部管理监督。落实从严管理干部的要求，对考核中发现有倾向性、苗头性问题的，要有针对性地进行提醒谈话；对有一般性问题的，及时进行批评教育和诫勉谈话，督促整改；对有严重不道德行为、社会反映较大的，建议做出组织处理。"关于精神性赏罚，主要是通过给予当事人一定的精神激励和处罚，比如荣誉或者是耻辱。每一个人都有尊严，每一个人都渴望获得荣誉而不是耻辱。

（四）道德期待机制

道德期待机制的培育不在领导者自身，而在于社会和组织环境的培育。

为此应从学校教育、职业教育和社会教育等多种途径加强青少年、从业者和社会公众的公民意识培育。具体地说，培养公民意识，就是要培育公民的社会责任意识、规则意识和正确的荣辱观。社会责任意识表现为公民对自己生活的社会和国家积极负责的态度。每个公民不仅自己坚守道德，同时还要以国家主人翁身份监督和约束领导者的道德行为。规则意识是一种界限意识，是现代社会政府与公民合作的前提，是衡量社会文明化程度的标志。一个和谐有序的社会，一定是一个进退有序、遵守规则的社会。规则意识是一种以公开、透明、民主、平等为价值指向的现代意识，它反对各种形式的特权，反对一切潜规则与暗箱操作。正确的荣辱观是现代公民意识的重要心理基础。如果社会普遍存在官本位意识，以享受特权为荣，缺乏起码的廉耻观，崇德尚德的社会氛围就不可能形成。卢梭说："一切法律之中最重要的法律，既不是铭刻在大理石上，也不是刻在铜表上，而是铭刻在公民的内心里，它形成了国家的真正宪法，它每天都在获得新的力量，当其他法律衰老或消亡的时候，它可以复活那些法律或代替那些法律，它可以保持一个民族的精神。"公民对法律的信心既是法治精神得以贯彻的前提，也是道德生成的基本前提，同时也是约束领导者道德行为的重要机制。

三、领导品德养成的个体机制

良好的品德是领导者立身做人、立志做事、立德为官的基本修养。但是领导品德与普通人的品德相比，具有更强的能动性。在领导者的品德结构中，道德判断与道德选择能力显得尤其重要，因为领导者是把握方向、平衡利益的人，他必须站得更高、看得更远，更具处理和平衡各种关系、利益和矛盾的智慧。加强领导者的品德修养，从领导者个体来讲，应当注重学思结合，在实践中历练、积累，不断在自我净化、自我完善、自我提高中蓄劲储力，形成立德自觉。

（一）识势：遵循规律

道德并不是约束人的桎梏，道德标准是随着社会的发展变化而不断变化的。具备道德修养并不是简单地按照现有的道德规范行事。著名的道德教育家柯尔伯格道德发展阶段论就提示了这一道理：道德发展的高级阶段是后习俗阶段，是能够对道德规范进行反思和反省，遵循其内在规律和发展趋势的阶段。恩格斯在论述恶的历史作用的具体表现时说，每一种新的进步都必然表现为对某一神圣事物的亵渎，表现为对陈旧的、日渐衰亡的、但为习惯所崇奉的秩序的叛逆。善与恶的辩证法说明，善与恶并不是固定、静止而一成不变的，并不是一目了然的，特别是在社会转型时期，人们的善恶观念也会随着社会的变化发展而变化发展。领导者作为社会发展变化的引领者，也应当是社会道德观念和道德标准的引领者，如何在社会转型时期准确判断善恶，适时引领道德观念和道德标准的变迁，也是领导者的使命与价值所在。领导品德与普通大众品德的差异就表现在，它并不是被动地遵循道德规范，而是要遵循社会发展的规律，识时识势，审时度势，坚定信仰，在善与恶之间，在眼前利益与长远利益之间，在局部利益与全局利益之间，在各种复杂的利益关系中准确地判断是非、善恶。

领导要做出善的判断与行为并不是简单的事，但也并非无规律可循。领导者的人格魅力由于具有真实、自然和符合人的本性与价值的特性，不论其魅力形态怎样发展变化，但其顺应历史发展的客观规律、与社会历史发展的方向相一致、与广大人民群众的根本利益相一致的魅力实质却是不会改变的。因而，领导者的道德修养并不是简单地按照普通人的道德规则去行事，而是需要在准备把握社会发展规律的基础上，引领道德发展的方向。

审时度势。审时度势就是指在复杂的情况下，分析时势，估计其发展趋向的能力。领导者面对复杂的形势，要因势利导，顺应发展趋向，遵循规律来做事情，而不能逆时、逆潮流而动，这是任何人需要遵守的“大道”。道德并不是永恒不变的行为规范，而是一种基于对社会发生规律和趋势的认识基础上的智慧判断。大河东去这是历史发展的必然，但是九曲回肠是历史前进的道路。领导者需要比普通人站得高，看得远，领导者不会因暂时的失败和挫折就失去了方向感。历史总是朝着文明进步的方向发展，但不会是一帆风顺，在一些特定的时期，难免出现倒退。很多人在黑暗和曲折中看不清真相，迷失了方向，就会遵从现有的规则，从而成为一时失德、永世失德的范例。道德并不是简单的判断，而是基于对形势和趋势判断基础上的一种选择，一种坚守。审时度势并不是在现实面前随波逐流，相反，是要看清事物发展的趋势和方向，在逆境中坚守自己的理想。

坚定信仰。道德信念是指人们对人生的道德理想、道德价值、道德意义等的执着追求，是人们对某种道德理想、道德原则和规范在内心的确信。领导道德信念由两个要素构成：领导者个人的人格理想和整个社会的道德理想。领导者个人的人格理想是指个人在日常道德实践中自觉选择的一种价值理想。做官先要做人，做什么样的人就是一个人的理想人格。人格是一个人做人的原则和底线，人之为人的尊严。不想做元帅的士兵不是好士兵，每个要求进步的人都有进步的理想，都有想成为领导者的愿望。但是以什么方式、通过什么途径获得权力与职位，这就涉及一个人的人格理想，哪些是必须坚守的，宁可不做官，也不能丧失了做人的原则和底线。个人人格理想和社会道德理想是相关的。社会道德理想是人们对整个社会发展趋势的一种价值期待。如果一个人的理想信念动摇了，丧失了，那就很危险了。理想信念虽然看不见、摸不着，但对人的生活有很深的影响，它是人生活和工作的精神支柱。一个人丧失了道德信念，就失去了辨别是非、善恶的标准，就会做出错误的行为抉择。

独立判断。道德判断是领导者最为重要的道德能力，是领导者做出道德选择，具备道德人格的基础。改革开放以后成长起来的一代领导者，突出的特点是学历层次高、知识面宽、思想活跃、创新精神强，但由于社会政治、经济背景的复杂性，社会生活的日新月异和剧烈变化，使领导者的道德认知和道德价值出现混乱。改革开放以来的政绩考核方式导致领导者或者只重视能力和创新，忽视了道德因素，或者在面临道德困境时缺乏选择和行为能力。领导需要从以下几方面增强道德判断、选择和行为能力。首先领导者应能够控制面临道德困境时产生的消极情绪。消极情绪往往会影响道德判断和理性行为。领导者在面临道德困境时，会产生焦虑、压力，抑或烦躁等负面情绪，此时不应做出决定，要给自己反省和思考的时间。其次，要对自己的角色、职责以及相关的法律和政策有详细的了解，明确自己的职位角色和领导责任；最后，要分析道德困境的现实情境，设想不同选择会产生的后果，带来的利与弊。在内心给自己腾出道德思考的一块空地，才有可能做出正确的道德行为。

道德修养的方法很多，包括这种学习和思考、励志与创新、内行和慎独等。道德是一种智慧，一种能力和一个境界，并不是靠为道德而道德的教育所能奏效的。西方国家的道德教育功能由宗教信仰来承担。中国的道德教育主要通过社会意识形态教育下个人自我修养。在自我修养方面，文化修养是一种很重要的提高人的志趣的途径。琴棋书画等这些高尚的业余爱好来培养自己的情趣，可以提升人的境界。对领导者来说，培养八小时之外的高尚的生活情趣非常重要。

钱穆说："朱子说，读书亦是格物。其实读书亦即是格事。"[①] 道德应建立在对相关知识的了解的基础上。例如，孝敬父母，请父母喝茶，需要懂

① 钱穆：《从中国历史来看中国民族性及中国文化》，联经出版事业公司，1979 年版，第 95 页。

得茶对父母亲有益还是无益，你不能对茶一无所知，便说这是对父母的孝心。如果这茶对父母身体不益，你虽有孝心，实际上并不能说是孝。所以一切道德，都该有与它相配合的一套知识。[①]

读书是修养道德最主要的方式，不仅是获得知识，它还让你获得人生的成长，战胜自我。你可以通过他人的经历丰富自己，用他人的经验滋养自己，从他人的成长中获得动力。北京大学教授陈平原说，读书不只是求知，是让你保持一种思考、反省、批判、上下求索的姿态和能力。不是说书本本身特了不起，而是读书这个行为意味着你没有完全认同于这个现世和现实，你还有追求，还在奋斗，你还有不满，你还在寻找另一种可能性，另一种生活方式。说到底，读书是一种精神生活。[②] 读书可以增长知识，可以通过学习提身自身的思维能力，可以通过读书获得间接的经验，丰富自身的人生体验，这些都有助于提高人的道德能力。

现在，知识爆炸，书业发达，人类一天生产的书籍，可能你一生都难以享用。所以，读书要有选择，要读经典。任何流派所流传下来的思想经典，无论是有神论的，还是无神论的，都有其独特的文化和社会价值。经典之所以为经典，是因为它高度地集中了人类已有的智慧和已探明的真理，构成了人类现有知识体系和价值体系的核心要素，具有普遍的指导意义，标志着人类的认识和实践在特定的历史时期和特定的认知领域所达到的思想高度。因此，读书首先要读经典，这是获取人类已有认知和价值的最佳途径，是不断创新、超越前人、推动人类进步的重要阶梯。对于领导者而言，哪些书可以成为经典呢？著名记者梁衡写过一篇《影响中国历史的九篇政治美文》，堪称经典。他选择的政治美文的标准为："一是文章提

---

① 钱穆：《从中国历史来看中国民族性及中国文化》，联经出版事业公司，1979 年版，第 96 页。

② 陈平原谈数字时代的人文困境，《文汇报》，2012 年 7 月 13 日第 11 版。

出了一个影响了中华民族政治文明、人格行为的思想；二是文章中的一些名句熟词广为流传，成为格言、座右铭，有的已载入辞典，丰富了民族语言；三是文章符合艺术规律，词、句、章，形、情、理都达到了美的要求。”按照这三个条件：入选的9篇美文是：贾谊《过秦论》；司马迁《报任安书》；诸葛亮《出师表》；魏徵《谏太宗十思疏》；范仲淹《岳阳楼记》；文天祥《正气歌并序》；梁启超《少年中国说》；林觉民《与妻书》；毛泽东《为人民服务》。贾谊《过秦论》探讨了一个政权为什么会灭亡，提出了为政必须施仁政，不能压迫人民；司马迁《报任安书》探讨了人的生命的价值，提出了一个做人的标准：“人固有一死，或重于泰山，或轻于鸿毛，用之所趋异也。”名句“士为知己者死，女为悦己者容”即出自于此。诸葛亮《出师表》提出了忠心耿耿的为臣之道和勤恳不怠的敬业精神。名句“鞠躬尽瘁，死而后已”“受任于败军之际，奉命于危难之间”等广为流传。魏徵《谏太宗十思疏》探讨了一个政权怎样才能巩固和发展，塑造了理想的君臣关系的样板。“居安思危”“水可载舟，亦可覆舟”的名言，即出于此。范仲淹《岳阳楼记》提出“先天下之忧而忧，后天下之乐而乐”成为范之后进步政治家的信条。文天祥《正气歌并序》提出为人要有正气的气节观。名句“人生自古谁无死，留取丹心照汗青”鼓舞了历代的民族英雄。梁启超《少年中国说》反对保守、提倡革新，振兴中华。林觉民《与妻书》呼唤共和，敲响了数千年封建王朝的丧钟，倡导牺牲个人，报效祖国。毛泽东《为人民服务》提出了为人民服务的思想，成为立党立国、执政为民的宗旨。[①]

（二）智慧：寻求平衡

智慧与品德密不可分。在人生的许多境遇中，特别是在一些涉及生死进退等重大问题的抉择中，人的智慧往往会通过其品德的高低而显现出

① 梁衡：《新湘评论》，2011年第2期。

来。智慧的人，通常会选择善，而愚蠢的人，通常会选择恶。此时，善与恶，便会成为人之智愚的决定性分野，由此而决定人生的总体方向和终极结果。善，即意味着光明、坦荡、快乐和成功，而恶，则意味着阴险、狡诈、痛苦和失败。方向对了，无论快慢，人生终会有幸福的终点；方向错了，走得越快，则会离幸福越远。因此，善是人生最大的智慧，而恶则是人生最大的愚蠢。这是人生最大的学问。智慧的结构：自主、理性、创造。

1. 关于自主

现代社会，公共生活的丰富性使领导者，特别是公共行政领导者的自主性更加增强。在工业社会的治理体系中，行政领导者通常处于一种被动的受控制状态。但后工业社会的治理体系中，服务型社会治理特征凸显，要求公共行政领导者拥有适当的自主性。现代社会，随着网络技术的广泛运用，社会管理的多元性、开放性和复杂性日益突出，公共行政领导者的自主性的价值也日益凸显。现代社会领导者的自主性，可以“三个超越”来理解其内涵，这同时也是衡量是否具有自主性的标准。第一，是否超越了工具性。现代官僚制是工具理性的典型形式。官僚制把官僚体系中的人变成了官僚机器中的齿轮，使行政领导成了“无意识”的技术官僚，失去了作为人的本性、对社会的责任。能否超越官僚制的工具理性，在一定程度上体现领导者个体的主观价值，这是领导者自主性的标准之一。第二，是否超越了权威性。权威是公共行政领导体制得以运行的基础，但是当权威与公共行政的理念发生冲突时，个体领导的自主性如何体现？当权威是正当的，即合乎公共行政的基本理念，并以良法为根据时，行政领导便会服从它；反之，倘若权威所提出的要求、所发出的命令违背公共行政的基本原则时，行政领导有权利也有义务拒绝它。第三，是否超越了官僚制。马克斯·韦伯创立的官僚制（bureaucracy），以法理型支配为基础，构建了具有专业化功能以及拥有固定规章制度的、科层分级的组织制度和管理形式。韦伯官僚制组织是一种理想类型的组织结构形态及其行为模式，将组织本身或组织中的上级，假设为理想的组织和不会犯错误的上级，而这恰恰是困扰现代公共行政的一个难题，即如何应对不道德组织和上级，这也是给行政领导造成道德困境的主要原因。

2. 关于理性

理性首先意味着对本能的超越和克服。道德修养的核心内容就是展开道德理性和本能的情欲之间的斗争，展开社会新道德和旧道德的斗争。道德伦理是人和动物的本质区别之所在，它是对人性的一种肯定，人性是相对于神性和兽性来讲的，西方有一句格言叫人是介于天使和野兽之间的动物，也就是说人是超自然性和自然性的统一。人只有以道德伦理的方式去生活，你才能不断地从自然性迈向超自然性，使人性的全部潜能充分地发挥出来。黑格尔说："当我面对着善和恶，我可以抉择于两者之间，我可以对两者下定决心，而把其一或其他同样接纳在我的主观性中，所以恶的本性就在于，人能希求它，而不是不可避免地必须希求它。"[①] 恶既然是自己的主观选择，自己就得对自己恶的行为后果负责，从而说明对恶的行为的处罚和惩治是罪有应得；恶既然不是人的自然本性，恶并非是人不可避免地必须希求的东西，这就说明，惩恶扬善，避免恶的现象发生，不仅是必要的，而且完全是可能的。里克尔甚至认为："人的堕落的原因不是人的性欲，而是一种有限自由的结构。正是在这个意义上，恶由于自由才是可能的。"[②] 从康德、黑格尔到里克尔等的共同点是，他们在揭示人作恶的原因时，都直接地将其归结为人的有限自由意志。"在利益诱惑面前，并非所有的人都无法避免作恶，而只有那些在意志自由中把道德和法律的有效原则贬低为空虚和把个人特殊原则上升为普遍性与任性妄为的人，才可

---

① ［德］黑格尔著，范扬、张企泰译：《法哲学原理》，商务印书馆，1961 年版，第 146 页。

② ［法］保罗 · 里克尔著，公车译：《恶的象征》，上海人民出版社，2005 年版，第 222 页。

能为非作歹，作恶社会。”①

其次，理性意味着对盲目的超越。以忠为例，忠不是愚忠，而应当是智忠。不是盲目地服从，而是理性地服从。忠不是愚忠，是智忠；服从不是盲从，是智从。盲从就是不问是非、不辨真伪、不分善恶地消极顺应和盲目随从。具体到行政活动，就是对权威的迷信、崇拜、绝对地服从。智从是理性地服从。与权威主义对自主性和创造性的压抑和否定相反，主体性良知的基础是独立向善的自我的存在。智从既不是盲从，也不是机会主义，是建立在理性反省基础上的智慧选择。

最后，理智还表现为自我认知。人与动物的区别在于人的理性，而理性的制高点在于人的自我认识，但这也是人们在现实生活中最难以做到的。西方古代圣哲苏格拉底曾有个著名的命题：“认识你自己！”中国古代的圣贤们也早已认识到并力图解答这个问题，其中最为有代表意义的就是老子和孔子。老子在《道德经》中有多处谈到人的自我认识问题，并将此作为人的“道”性高低的最重要标准。他认为，“知人者智，自知者明”，“明”显然是比“智”更高的境界和水平。他特别强调人的“自知”“自爱”在人格修养中的重要意义，反对自以为是和自高自大，并将此作为理想人格的一个重要标准。“圣人自知不自见；自爱不自贵。”意思是说，圣人有自知之明而不炫耀自己，有自爱之心而不抬高自己。这是对生命价值、生命意义的独到见解；是珍爱自己、尊重他人辩证关系的精辟表述。

孔子也十分重视人的“自知”品德的培养。据《荀子·子道》记载，孔子曾与自己的三个爱徒子路、子贡和颜渊讨论“知者若何，仁者若何”的问题，子路的回答是“知者使人知己，仁者使人爱己”，孔子说，这可以叫作“士”；子贡的回答是“知者知人，仁者爱人”，孔子说，这可以叫

---

① 谭培文：恩格斯关于恶的辩证分析及其当代启示，《伦理学研究》，2013 年第 4 期。

作“士君子”；颜渊的回答是“知者自知，仁者自爱”，孔子说，这可以叫作“明君子”。显然，在孔子心中，“使人知己”“知人”和“自知”是三个不同且不断递进的认识阶段，而“自知”是最高层次、最高境界的认识。和道家一样，儒家在强调自知的同时，也注重“爱人”“己欲立而立人，己欲达而达人”“己所不欲，勿施于人”。

从现代科学的角度看，在人对世界的认识中，人对人的认识相对于对自然的认识是一个较为复杂、较为艰巨的过程。而在对人的认识中，人的自我认识相对于对他人、对社会的认识则是一个更为复杂、更为艰巨的过程。这是因为，在人的自我认识过程中，认识的主体和客体都是自己，作为认识主体的自我无法将作为客体的自我从肉体中分离出来，像认识物体或他人那样从各种角度进行客观的、全面的观察和分析。它需要作为认识主体的自我要有足够的思想觉悟和能力，将自己当别人或物来看待，像认识别人或物那样审视自己、评判自己。所以说，知人者不易，自知者更难，“自知”比“知人”需要更多的智慧、更高的水平。

当然，恰如孙子所言“知己知彼，百战不殆”，就人的行为过程和行为结果而言，知人与自知具有同样的意义，而且两者是相互联系、密不可分的。知人的目的是自知，是更好地定位人我关系。孔子说：“君子安其身而后动，易其心而后语，定其交而后求，君子修此三者，故全也。”君子要首先安定自身之后再谋求变动（有所作为），要将想说的话在心里反复斟酌、换位思考之后再发表言论，要先做朋友或给予他人帮助之后再向他人有所求，作为君子能够修行这三条，就比较完美了。其次，知人的程度，取决于自知的程度，对自己认识的准确，才有对人认识的准确。一个不能正确认识自己的人，自然难以正确认识他人。所以，自知是知人的前提、基础，自知的高度，决定着知人的高度。反过来讲也一样，所谓“自知”，也必须基于对人我关系的认识，通过认识他人进而认识自我，一个不能正确认识他人的人，也不可能正确认识自我。从一个人对他人和社会的态度和行为，人们不仅可以看出他的知人水平，同样也可以看出他的自知水平。所以，知人也是自知的前提和基础，知人的高度，也制约着自知的高度。

3. 关于创造

领导干部须具备创造性地开展工作的能力。创造性态度，不仅是行政人的权力，更是行政人的责任和义务。主体创造性的发挥，使行政人的个体生命不再是平庸的、死寂的、停滞不前的，而是活力的、卓越的、渐渐完满的。韦伯提出履行责任伦理的三种品质：激情、责任感和恰如其分的判断力。激情是指不脱离实际地献身于一项事业的热情。责任感是基于对现实目标的热切关切而得到的使命感，它鞭策着自己做出相应的行动去追求这个目标的实现。判断力是一种不带情绪、冷静地面对现实和洞察现实的能力，它要求对人和事保持距离。

道德智慧是一个人在道德上的智力水平和聪明程度，是人作为道德主体所具有的判断善恶是非的智力，是人类智慧的一种特殊形式。它提供了道德情感的培育基础。道德反省是直面人生及其言行，敢于面对自己的一种勇气，一种客观地了解自己、解剖自己的能力。它为行政忠诚提供了不断升华、更新的内容。道德实践是积极投身于现实的生活并加以体验，真正体会出道德善恶价值的真谛，从而拥有刻骨铭心的道德情感。它为行政忠诚提供了现实的途径。道德境界是人们通过接受道德教育和自身的道德磨砺所达到的道德觉悟程度。它为行政忠诚指明了不断进步的方向。

面对道德冲突，需要一些智慧的方法。具体地说，需要掌握好三个统一：即原则与策略的统一，妥协与坚守的统一，进取与知止的统一。所谓“原则与策略的统一”，就是既要坚持原则又讲究方法和策略，坚持原则又不失灵活。所谓“妥协与坚守的统一”，就是要学会在妥协中坚守理想。退让是对那些既不重要又不紧迫的问题我们通常可以采取的方法，当目标十分重要但过于坚持已见可能会造成更坏的后果时就需要采取适当的妥协。所谓“进取与知止的统一”，就是要知道何时进取，何时放弃。有句话道出了其中的智慧：以平静的心态接受一切不可改变的因果，以无畏的勇气改变可能改变的缘分，以慈悲的智慧区分二者的不同。

（三）敬畏：强化自律

从宋太宗时起，至清末，中国的各级官衙内都立着一块碑，碑名“戒石”。“戒石”上有字，就是“戒石铭”，具体是：“尔禄尔俸，民脂民膏；下民易虐，上天难欺。”明初大儒方孝孺曾言：“有所畏者，其家必齐；无所畏者，必怠其睽。”人，是需要一点敬畏之心的。所谓敬畏，是人类对待事物的一种态度，是指对某一事物既敬重又畏惧。领导干部是事业的骨干，人才的中坚，是经济社会发展的组织者和指挥者。由于其所处的地位和作用，社会和组织赋予了他们相应的职责与权力。在履行“发展”这一根本职责的过程中，领导干部在攻坚克难、有所作为，发挥最大、最佳的权力效应的同时，还必须对权力运行保持必要的“敬畏”，像“如履薄冰、如临深渊”那样谨慎地运用权力，行有所止，在有所作为的同时尽量减少或避免权力运行中的消极作用和负面影响。作为党员领导干部，更要常存敬畏之念，时刻警醒自己，坚守住做人为官的底线，切实做到为民、务实、清廉。临事而“惧”，饱含着高度的责任感和使命感。心中有所畏，做工作时就会有一种如临深渊、如履薄冰、诚惶诚恐的心态。居安思危，才能不负重托，不辱使命。

1. 对宇宙秩序的敬畏

孔子说：“五十而知天命。”对宇宙秩序不同的人给予了不同的名称，德国人费希特称它为宇宙的神圣思想。中国的哲学语言称它为道。无论将之称为什么，我们都须承认，正是对这种宇宙神圣秩序的认识，使这些智慧的人看到了遵守道德行为准则或者道德律的绝对必要性，是因为它们是宇宙神圣秩序的一个组成部分。[①] 甘地提出的毁灭人类的七宗罪状，应作为我们从事一切活动的警示。“没有原则的政治（Politics without principles）；没有劳动的财富（Wealth without work）；没有良知的快乐（Pleasure without conscience）；没有是非的知识（Knowledge without character）；不讲道德的商业（Commerce without morality）；没有人性的科学（Science without humanity）；没有牺牲的崇拜（Worship without sacrifice）。”这七宗罪行就是破坏了宇宙的秩序。

敬畏生命就是对宇宙秩序的具体体现。“人最宝贵的是生命。生命属于人只有一次。人的一生应当这样度过：当他回首往事的时候，不会因为虚度年华而悔恨，也不会因为碌碌无为而羞耻。这样，在临终的时候，他就能够说：‘我已把自己整个的生命和全部的精力献给了世界上最壮丽的事业——为人类的解放而奋斗。’”这是苏联作家奥斯特洛夫斯基《钢铁是怎样炼成的》中的格言，在今天对我们如何实现人生的意义和价值依然有重要启示。

人的一生，最基本和最重要的就是生命本身的存在，我们所做的一切都是为了保持和维护人的存在、促进和改善人的存在，因此，珍爱生命应当是人生的本质要求和第一理念。现实生活中，受制于特定的历史条件和社会背景以及传统观念和个人认识，人们常常容易忽视这一简单的道理，而将人生的一些条件和手段，当作人生的目的和目标，当作生活的主要内容和追求对象，孜孜以求，视之若命，甚至不惜以身相抵。只有真正懂得珍惜生命的人，才能真正理解人生的意义，正确对待他人的存在，有效处

① 辜鸿铭：《中国人的精神》，北京理工大学出版社，2010 年版，第 29 页。

理各种社会关系，积极应对人生过程中出现的各种问题，从而走出一条幸福和成功的人生之路。也许，有时社会需要我们为理想、为正义、为他人、为天下牺牲个体生命，但其目的和目标绝不是对生命的忽视和践踏，而是为更多、更好、更长久的生命存在做出的“必须”选择。

2. 敬畏人民

敬畏人民就是要服务人民，以人为本，执政为民。领导者，到底是恭恭敬敬当公仆，还是作威作福当“老爷”？干工作到底是为人民干的，还是给领导看的？手中的权力到底是人民赋予的，还是上头某个“恩人”赏赐的？搞颠倒了这些关系，就不可能有真正的德行，也不可能有真正的领导力。“水能载舟，亦能覆舟。”凡是不把老百姓搁在眼里的干部，早晚要被百姓所抛弃。

领导者应当树立口碑意识。“金杯、银杯不如老百姓的口碑。”口碑，就是舆论，就是百姓对领导者的道德评价。现代传播学研究表明，一个人对另一个人有一种好感，通常情况下他会将自己的好感告知 8 个人左右；一个人对另一个人有坏的评价，一般会将这种坏的评价告知 22 个人左右。社会舆论也一样，如果说某领导或某名人夫妻感情好，人们对这种现象很少有什么议论。但反过来说如果某领导或名人夫妻感情上出现了问题，有第三者插足等绯闻，社会舆论的关注度要高很多。所谓好事不出门，坏事传千里。领导者要树立口碑意识，就是领导者要爱惜自己的名声，普通人可以说“走你的路，让人们去说吧”，但领导者不能这样对待公众的舆论，舆论就是民心，民心向背会决定领导者的影响力与领导地位的合法性，所以口碑是领导者的生命线，领导者必须要树立口碑意识。

3. 敬畏历史

敬畏历史就是要站在历史的高度肩负起历史的使命。在中国文化传统中，中国人有一种对历史的虔诚感和敬畏感。历史具有公正性品格和终极性审判的能力，能够对人间是非做出公正的终极审判，使善恶最终各得其所：善有善报，恶有恶报。位于陕西省乾县的陵墓，就是埋葬着中国历史上唯一的女皇武则天的乾陵。1000多年来，乾陵神道东侧一块巨大的石碑特别引人注目，因为这是一块无字碑。有人认为，碑上无字，是武则天有意让后人和历史去评价自己的功过是非。事实上，无论是像武则天这样敢于打破历史常规的一代女皇，还是千千万万的官员和士大夫，都要面临百年之后的历史评价。几千年来，无论是皇帝还是各级官员，大多在历史面前心存敬畏。在岁月的长河中，历史承担起了终极审判的功能，公正地记录着一代代政治家和官员们的是非功过。

成书于公元前5世纪的《春秋》，是中国现存的第一部编年体史书。据说，晚年的孔子，在周游列国之后回到故乡鲁国，开始着手整理编撰这部记载春秋时期历史的伟大著作。书中把当时社会上的一些邪说暴行一一记录下来。在孔子修《春秋》300多年后，历史学家司马迁在编撰中国第一部纪传体史书《史记》的时候，特意开设了《循吏列传》《酷吏列传》和《佞幸列传》为清官廉吏和贪官污吏分别作传。在司马迁的笔下，循吏是仁厚爱民、清正廉洁、严守法纪的官员；那些用酷刑峻法统治百姓，以凶狠残暴著称的官吏则被称为酷吏；那些无才无德，恃宠骄横而为祸一方的官员则被称为佞幸。自此，为清正廉洁的官员和贪官污吏分别作传就成了中国古代编撰国史的一个传统。

在历史的长河中，无论是万民景仰的清官，还是千夫所指的权奸贪恶之辈，在百年之后都会面临历史的评价，成为后世称颂或唾弃的对象。历史上，许多清官廉吏在身处逆境的时候总是坚信历史会给自己一个公正的评价，带着这样的信念，他们坦然面对自己的命运。和他们有关的历史故事为我们提供了学习的典范和引以为戒的典型，也提醒现在的政府工作人员，特别是为官之人，要做到廉政为官，执政为民。